Derrière les barreaux, des hommes

Isabelle Le Bourgeois

Derrière les barreaux, des hommes

Femme et aumônier à Fleury-Mérogis

DESCLÉE DE BROUWER

76 *bis*, rue des Saints-Pères, 75007 Paris
www.descleedebrouwer.com

ISBN: 2-220-05230-3

Remerciements

Je dédie ce livre à tous ceux que mon ministère d'aumônier de prison m'a fait et me fait rencontrer. Les personnes détenues, tout d'abord.

Ceux qui travaillent à monter et descendre les gamelles des repas et les servent ensuite dans chaque cellule. Ceux qui préparent les repas. Ceux qui nettoient inlassablement l'espace toujours souillé de la détention. Ceux qui réparent une chasse d'eau, un circuit électrique. Ceux qui vont à l'école, aux ateliers ou suivent une formation professionnelle. Ceux qui travaillent en cellule, dessinent à l'atelier d'arts graphiques. Tous ceux qui ne peuvent rien faire de tout cela, et qui ne sortent jamais de leur cellule. Les solitaires, les mal-aimés. Ceux qui crient, tapent et dérangent tout le monde. Ceux qui trafiquent en cours de promenade, ceux qui ne comprennent pas pourquoi ils sont là, ceux qui ne semblent pas avoir de problème. Les arrogants, les tristes, les angoissés, les violents...

Tous ces hommes au visage lumineux ou triste, aux démarches allantes ou voûtées habitent mes prières. Ils sont présents dans toutes ces lignes car ils sont au cœur de l'expérience humaine que je ne cesse de faire, là-bas, à Fleury-Mérogis.

Les familles qui vivent dans la souffrance, l'angoisse et l'attente du fait de l'incarcération d'un de leurs proches et qui, dehors, se battent pour ne pas sombrer.

Enfin, tous ceux avec lesquels je travaille. Le personnel pénitentiaire, tout d'abord, surveillants et gradés. Eux qui assurent la vie au quotidien, la sécurité. Eux qui travaillent dans un lieu où, il faut bien le dire, la saleté, la violence et le bruit sont lots permanents. Eux qui, au quotidien, ont à gérer les réclamations des uns et des autres, les injures de certains, les impatiences de presque tous ! Mais qui, aussi, se retrouvent face à des hommes qui les respectent, et avec lesquels ils peuvent nouer des relations de confiance. Métier usant, sûrement. Métier de contacts humains qui exige autorité et souplesse. Respect et bienveillance. Sanction et compréhension. Difficile !

Les travailleurs sociaux, avec lesquels de nombreux dialogues se nouent autour de l'intérêt que nous portons en commun à ceux qui font appel à nous.

Le personnel administratif et sa gentillesse.

Le service médical et psychiatrique et sa nécessaire présence dans un lieu où l'esprit chavire facilement et où le corps traduit en maux divers la dureté de l'épreuve.

Enfin, je veux remercier chacun des membres de l'équipe de l'aumônerie catholique, ces compagnons de tous les jours, sans lesquels mon action et ma parole n'auraient jamais été possibles.

AVERTISSEMENT

Pour des raisons évidentes de discrétion, les témoignages, les histoires, les conversations que je relate ont été modifiés. Seul apparaît un prénom, changé, lui aussi.

Je vais tout au long de ce livre employer volontairement la dénomination de *détenu* pour qualifier ceux que je rencontre dans le cadre de leur incarcération. Ce terme désigne la réalité du monde carcéral. Toutefois, pour moi, il est clair qu'il ne signifie quelque chose que s'il est précédé d'un autre terme : personne.

Personne détenue.

Tout détenu est, quoi qu'il ait fait, une personne humaine.

Oui, ce sont bien des personnes humaines que je rencontre et dont je vais évoquer, ici, des morceaux de vie.

INTRODUCTION

Adrien

« Je veux devenir celui qui est beau en moi...
vous croyez que c'est possible ? »

Adrien

« ... Vous croyez que c'est possible ? »

Celui qui me parle est un homme de trente-cinq ans incarcéré pour attouchements sur sa fille de huit ans. Adrien.

Comment répondre à cette question? Je ne me sens pas prête.

Il poursuit, troublé par mon silence : « Comment ai-je pu faire cela ? Comment en suis-je arrivé là ? »

Je commence tout juste comme aumônier à la maison d'arrêt de Fleury-Mérogis. Adrien fait partie des premiers détenus que je rencontre et je me sens encore imprégnée par toute une série d'images sur le milieu carcéral.

Je suis mal à l'aise.

Pourtant, dans les paroles d'Adrien, je perçois une question immense, incontournable à laquelle je ne peux me soustraire.

« Je veux devenir celui qui est beau en moi... Vous croyez que c'est possible ? »

Mais qu'est-ce que je fais ici, comme aumônier de prison ? Je voudrais échapper à cette rencontre. Cet homme en face de moi, pourtant, il me faut l'affronter, accepter de le regarder et de l'écouter.

Une part de moi se révolte. Non, c'est trop atroce ! Il a sali sa fille, laissant à jamais sur son corps la marque des gestes qui consument. Je le regarde. Il me regarde. Entre nous un autre regard, celui de son enfant. Regard insoutenable qui m'appelle, me supplie de ne pas l'oublier, elle, l'innocente victime de la folie des grands : « Il me disait que c'était cela l'amour. Je l'ai cru... »

Insoutenable.

Un long, si long moment, je vacille. Je veux lui crier mon refus de ce mal, lui manifester mon dégoût, ma haine, peut-être, mais je garde le silence.

Il le ressent. « Vous me méprisez ? »

Je suis saisie qu'il ait pu ainsi lire sur mon visage. Je ne sais que dire, déjà il embraye :

« Je le comprends, moi aussi, je me méprise. Si vous saviez combien je me dégoûte ! »

Il reste là, les mains croisées sur le bureau qui nous sépare, le corps penché en avant, la tête baissée. « Vous me méprisez. » Ce n'est plus une question.

« Non, je ne vous méprise pas. » Je lui dis cela et ce n'est pas ce que je pense ! Je voudrais lui donner une réponse honnête, vraie, sans détour et je la sens partagée, imbibée de contradictions. Pourtant je soutiens son regard. Il doute de ma réponse ; peut-être n'a-t-il pas la force de creuser davantage ? Je le sens las, désabusé, accablé. Je suis de plus en plus mal à l'aise. Il me devient impossible de laisser ma propre parole dans le doute :

« Vous avez raison, je crois que je vous méprise... enfin... un peu. Mais je ne voudrais pas en rester là.

– Pas en rester là ? Que voulez-vous dire ? »

Où me conduit tout ceci ? Je ne pensais pas que nous en viendrions là, si vite, comme cela, avec cet homme, précisément. Je suis déroutée, au sens propre du terme. Que lui répondre ? Que ce sentiment de mépris n'est pas chrétien et qu'il me faut me convertir pour être une bonne chrétienne, un bon aumônier de prison ? Que ce mépris est parfaitement justifié compte tenu de la situation ?...

Adrien me sourit : « J'aime votre franchise. Bien sûr, j'aurais préféré que vous me disiez autre chose, mais d'une certaine façon vous me mettez devant ce que je ne veux pas voir... C'est terrible, vous savez, d'être cet homme qui fait tout ce mal... J'avais tellement de projets, tellement de rêves... J'allais être le meilleur des pères et maintenant, par ma faute, tout est brisé, volatilisé... Vous croyez que je peux encore être un homme qui fait de sa vie une belle histoire ? »

Notre rencontre prend une autre dimension. Nous avons parlé vrai tous les deux. Cela me déconcerte. Je le regarde autrement. Il y a un homme en face de moi, pas seulement un détenu coupable de violences sexuelles, si terribles soient-elles. En moi, quelque chose se défait. La crispation, l'angoisse s'apaisent.

Pourtant, sa dernière question me dépasse encore. Où aller puiser ce que je vais lui répondre ? Au nom de quoi, de qui vais-je lui dire oui, non ou peut-être ?

Des questions comme celles d'Adrien, j'en rencontre très souvent. A chaque fois, je suis confrontée à la nouveauté de la question et à celle de ma réponse.

« Pourquoi as-tu choisi d'être du côté de ceux qui braquent, violent, tuent, volent ?... Que fais-tu de la détresse et de l'impuissance de tant et tant de victimes ? C'est d'abord vers eux que l'on doit aller », m'oppose-t-on souvent.

La réponse est difficile, douloureuse même parfois. Elle est, aussi, pleine d'espérance.

Je crois être profondément animée du désir de rejoindre l'humain quel qu'il soit. L'humain toujours plus et autre que je ne crois le connaître. Mais tenter de rejoindre cet autre incarcéré est souvent une épreuve. En effet, ces rencontres sont autant de confrontations avec toutes les figures que prend le mal : celui de l'innommable, de l'impensable qui nous laisse sans voix, sans force, sans envie de vivre. Mal qui harcèle ou qui fait grandir. Mal de tous les jours, celui des mesquineries quotidiennes, poison invisible mais puissant. Poison qui tue, mutile, rend fou. Mal d'un jour, mal qui dure... Immense, envahissant, troublant, insupportable... Ici, en prison, il est là, partout. Il est dit, avoué, nié, méprisé, fustigé... peu importe, il est là et ne semble, d'ailleurs, n'être qu'un avec le suintement des murs, la clameur du soir, le silence du solitaire.

Il est tellement là qu'on serait vite tenté de ne plus voir que lui. Puissance omnipotente, dont le règne sans fin ni commencement se donne à voir dans ces hommes enfermés.

Puissance qui très vite nous conduit sur des rives inimaginables, là où l'horreur de l'homme surgit, là où la cruauté dévoile de l'inhumain en l'humain.

L'inhumain. Jusque-là, la traversée était difficile, mais possible. A partir de maintenant il y a, devant nous, un abîme. Oui, certains crimes nous plongent vertigineusement dans l'abîme. Comme l'évocation du corps sans vie d'une fillette dénudée et cachée sous un tas de feuilles mortes. Insoutenable visage de l'humain. Détresse absolue. Le mal a pris les traits auxquels nous ne voulons pas ressembler. La violence est à son comble. De toutes parts. En nous, en d'autres. Inhumain.

Je m'arrête. Le vertige me gagne car, oui, le visage du mal peut aller jusque-là. Et l'espérance, alors, prend des allures incertaines.

Pourtant, il doit bien y avoir un remède à la douleur, à l'horreur, à la détresse des victimes comme à celle des bourreaux et un regard d'espérance sur l'homme, quel que soit cet homme, est possible. Je l'expérimente. Je le crois.

Ces quelques années de présence et d'écoute auprès de détenus me poussent à parler de cet espoir. Fragile, source de combats, mais bien présent.

1
Rencontres avec la souffrance

« Toutes les détresses et les solitudes nocturnes d'une humanité souffrante traversent soudain mon humble cœur et l'emplissent d'une douleur nauséeuse[1]. »

1. Etty Hillesum, *Une vie bouleversée*, Paris, Seuil, coll. « Points », 1995, p. 221.

Tout ce qui touche de près ou de loin au monde de la justice est devenu, dans notre société, l'objet de débats intenses et polémiques : les conditions de vie dans nos prisons, la réforme du système carcéral, du système judiciaire, les formes que prend la violence, tout ceci nous est largement relaté, commenté, montré. Que faire, comment endiguer la violence, traiter la question du sens de la peine, de la sanction ? Quelle justice pour notre société, aujourd'hui ? Quelle prison ?... Toutes ces interrogations fondamentales offrent de quoi débattre largement, nécessairement.

Ce n'est pas directement à partir de celles-ci que je voudrais situer ma parole d'aumônier de prison. Pourtant, quel que soit l'angle par lequel on aborde ces questions, leur source est la même : c'est de l'homme dont on parle. Ou, plus exactement, d'une certaine idée de l'homme. De cet homme confronté au mal qu'il commet et qu'il endure, submergé parfois par le déchaînement de sa violence, ou de celle des autres. De cet homme qui cherche, ou non, un sens à tout cela, qui espère, désespère, demande pardon... ou ne comprend presque rien du malheur qui passe par lui...

Ce que je vais tenter d'exprimer au long de ces pages est né de mon expérience du milieu carcéral vieille déjà de quelques années. Expérience amarrée à l'engagement pris depuis près de vingt ans dans une communauté de vie religieuse à la suite du Dieu de Jésus-Christ. J'aimerais déchiffrer et exprimer comment tant de rencontres avec des hommes détenus bouleversent, convertissent mes convictions, mes attentes, mes joies, mes errances, mes interrogations. Comment ces rencontres, au quotidien, ne cessent de nourrir ma foi en Dieu, en l'être humain.

En avançant dans ce travail fait essentiellement d'écoute, ce qui constitue notre humanité m'apparaît infiniment subtil, inexpliqué, risqué à mettre en formules. Pourtant, n'est-ce pas ce qui se fait tous les jours quand nous disons : il est dangereux, il est malade, c'est un bandit, il ment, c'est un assassin, un violeur ?... Les mots ne manquent pas, nos catégories non plus.

Or, c'est l'au-delà des mots qui m'intéresse, c'est ce qu'ils véhiculent comme histoire à la fois collective et personnelle, ce qu'ils recèlent de passé lumineux ou inavoué. En effet, tant de mots cachent, ensevelissent même ce qu'ils croient qualifier. Car la question reste entière, incontournable, énigmatique : au-delà de tous ces qualificatifs, qui est là ?

Qui est là ? Ou, pour le dire autrement, qui est vraiment cet homme, qui est vraiment cette femme qu'un jour je rencontre ? La réponse est toujours devant moi, jamais close, toujours en attente.

L'homme ne se résume pas à son acte. J'avais entendu cela maintes et maintes fois auparavant, mais n'en rejoignais pas le contenu. Un criminel, un voleur ? C'est quelqu'un qui a commis un crime, un vol. Oui, c'est évident. Trop évident, sûrement, comme un arbre qui cache une forêt, ou comme une « vérité » reçue qu'on ne songe pas à remettre en cause. Tant d'hommes sont encore isolés, enfermés par le regard et la parole qui les désignent. Ils ne savent comment avoir accès à une autre part d'eux-mêmes. La pressentent-ils d'ailleurs toujours ?

« Je suis un monstre », répète souvent Simon qui a tué sa femme et son fils et qui ne peut dire autre chose de lui.

« Je suis pourri pour avoir fait cela, non ? », répète Khaled, meurtrier à dix-huit ans d'un homme qu'il ne connaissait même pas.

« J'ai cela dans le sang, comment voulez-vous que je change ! », énonce avec résignation Pascal, un « pro » de la carte bleue et des chéquiers détournés.

Je pense aussi à Farid, Christian, Daniel, Djamel et les autres qui en sont à leur cinquième, dixième incarcération toujours pour la même chose : vol de voiture, *business* en tout genre, etc.

Croire qu'un chemin de guérison, de libération, d'humanisation puisse être possible malgré la nature de certains délits, les incarcérations à répétition et le découragement de beaucoup. Admettre qu'aucun homme n'est jamais réductible à rien et qu'il échappe à toutes nos mises en formules... Voilà qui ne relève pas de l'évidence !

Peut-être est-ce à cause de tout cela que j'ai choisi de rester là pour ceux qu'on appelle les détenus. Est-ce dire que pour autant, je ne suis ni concernée ni bouleversée par tous ces crimes, ces vols, ces viols, ces escroqueries, cette malveillance, cette lâcheté, cette violence, tous ces actes inacceptables, toutes ces victimes anonymes ? Bien sûr que non ! Je le dis, je le redirai, tout ce mal commis, subi est intolérable, inacceptable. Il me révolte, me trouble. Je ne veux jamais oublier les victimes, leur souffrance, leur humiliation, leur désir de réparation. Beaucoup de victimes, trop de victimes. En moi, comme en beaucoup, il y a le désir que justice soit rendue, mais c'est sur la nature même de cette quête de justice que mon travail à la prison me fait m'interroger.

Et Dieu ? Après ces années passées à écouter des récits de souffrance, de malheur, de violence, à en côtoyer les auteurs, quel visage Dieu me donne-t-il à voir ?

« Je ne suis pas venu appeler les justes mais les pécheurs[2] », dit Jésus.

Venu appeler les pécheurs ? Qui sont-ils ? Ne sommes-nous pas tous des pécheurs ? Alors, qui sont ces justes ? Une espèce d'humanité à part dont la sainteté les mettrait à l'abri du péché ? Ou bien ceux et celles qui ne se voient pas comme les autres hommes : rapaces, injustes, adultères... (Luc 18,11).

Avant même qu'une réponse un peu claire ne soit formulée, Jésus nous dit encore : « Les prostituées seront avant vous dans le Royaume des Cieux[3]. »

Scandale ! Les prostituées avant nous, avant moi ? Qu'y a-t-il là à comprendre ?

Il faut s'y faire, tout l'Évangile est écrit sur ce ton. Nos certitudes sur l'humain sont mises à mal. Sans cesse. Quelle que soit la page retenue, les rencontres relatées, tout ce que Jésus fait et dit vient déranger, bousculer, scandaliser nos évidences.

---

2. Matthieu 9,13.
3. Matthieu 21,31.

La prison est ce lieu qui me parle des pécheurs. Certains ne se reconnaissent pas comme tels, d'autres sont bouleversés par leur péché. Certains ne semblent pas affectés par ce qui leur arrive, d'autres clament leur innocence. Certains vivent comme une fatalité cette énième condamnation, d'autres sont broyés par la honte. Certains nient l'évidence, d'autres ne savent que faire avec ce qu'ils semblent découvrir d'eux-mêmes. Certains se reconnaissent appelés à changer de vie, de cœur. D'autres ne voient pas, ne comprennent pas pourquoi quelques-uns s'obstinent à leur reprocher ce qu'ils ont fait et, pourquoi pas, ce qu'ils sont...

L'humain n'est jamais aussi tranché que peuvent le laisser croire quelques mots échangés à son propos. Celui qui nie l'évidence de toutes ses forces a-t-il d'autres issues pour éviter la folie ou la mort ?

Dieu, sans se lasser, me dit et me redit que mon regard doit toujours être prompt à se déplacer.

« Tu as de nombreux enfants. Quel est ton préféré ? »

L'homme sage répondit :

« Celui de mes enfants que je préfère, c'est le plus petit, jusqu'à ce qu'il grandisse.

Celui qui est loin, jusqu'à ce qu'il revienne. Celui qui est malade, jusqu'à ce qu'il guérisse. Celui qui est prisonnier, jusqu'à ce qu'il soit libéré.

Celui qui est éprouvé, jusqu'à ce qu'il soit consolé » (poème perse).

Le plus petit, le plus faible, serait-ce aussi le détenu ? La victime, oui, mais le criminel ? Le bourreau comme sa victime, l'agresseur comme l'agressé, tous deux petits et faibles ? Je ressens combien ceci peut être douloureux, révoltant, même. Pourtant...

Derrière les barreaux, qui est là ?

Il est midi. Après une matinée passée en détention, je viens récupérer ma voiture sur le parking face à la maison d'arrêt des hommes de Fleury-Mérogis. Nous sommes en octobre, les journées sont encore tièdes. Toutefois, depuis quelques heures un vent d'est s'est levé faisant tournoyer une étonnante quantité de papiers gras. Ce sont les traces de tous ceux qui attendent ici le moment du rendez-vous au parloir avec un proche incarcéré.

Le hayon levé de leur voiture permet à deux femmes de boire leur café face à un soleil éclatant. Nous ne nous connaissons pas, mais je leur souris en les abordant avec la question rituelle en ce lieu :

« Vous venez voir quelqu'un de votre famille ?

– Oui, notre frère. Nous venons ici depuis un mois, maintenant. »

Leur voiture est immatriculée dans la Sarthe.

« Et vous ? » Elles ont envie de parler et se sont levées pour me proposer une grappe de raisin.

« Je suis aumônier catholique.

– Chez les hommes ? Ah, notre frère est au bâtiment D..., c'est là-bas que vous êtes ? »

Ce n'est pas mon bâtiment. Elles semblent dépitées, mais je les rassure en leur affirmant qu'il y a un aumônier là où est leur frère et qu'il peut prendre contact avec lui, s'il le désire.

« C'est tellement difficile cette situation. C'est la première fois qu'il va en prison. Il a cinquante-six ans, il craque et nous ne savons pas quoi faire à part venir trois fois par semaine ! Ça fait 350 kilomètres à chaque fois. C'est très fatigant, mais sans cela il ne tiendrait pas et nous non plus. Quand on est là, durant la demi-heure de parloir, c'est bien, mais le reste du temps... Comment est-ce que cela se passe à l'intérieur ? C'est pas trop dur ? »

Quelques larmes coulent, sans bruit. Je les regarde avec sympathie. Pour tant de familles l'incarcération d'un proche est un bouleversement de vie : équilibre familial perturbé, questions financières souvent dramatiques du fait de la perte du revenu qui faisait vivre tout le monde, emploi du temps avec lequel on doit jongler pour trouver l'espace nécessaire aux visites...

Je dois les quitter, je n'ai que très peu de temps avant mon premier rendez-vous de l'après-midi.

« Je dois aller laver ma voiture avant treize heures. » Je m'excuse de ce qui peut apparaître comme une futilité, pourtant nécessaire ; elles rient et me serrent la main. Je les quitte.

Le soir, en reprenant ma voiture, je trouve un mot sur le pare-brise : « Elle est bien propre, bravo ! Merci pour la rencontre de ce matin. »

Ces quelques lignes me sont douces après la journée très dense que je viens de passer. Journée commencée à huit heures trente et qui s'achève maintenant : il est dix-huit heures vingt. Le trajet qui me mène jusqu'à ma communauté est celui qu'il me faut pour laisser à toutes ces heures passées en détention le temps de prendre doucement place en moi. Visages, paroles, sourires, larmes... Beaucoup d'humanité s'est laissé entrevoir.

Comment est-ce que cela se passe à l'intérieur ?

Cette question est celle de beaucoup. Que se passe-t-il derrière les murs d'une prison ? Comment vivent ceux qui y sont enfermés ? Que leur est-il permis de faire et interdit de faire ?

L'univers carcéral agite, émeut, répugne, touche... Il ne laisse en tout cas pas indifférent et nos représentations, nos fantasmes sont puissamment à l'œuvre quand on l'évoque.

Bien sûr, chacun peut parler de la prison en rappelant, par exemple, qu'elle est un univers clos de murs derrière lesquels sont enfermés ceux que la société a jugé bon de mettre à l'écart pour les sanctionner et s'en protéger. Mais pour beaucoup la réalité de ce qui se trouve derrière les murs d'une prison reste quelque peu énigmatique. Comment comprendre, en effet, sans le côtoyer de près, ce que l'enfermement, la privation de la liberté d'aller et venir à son gré peuvent générer ? Comment imaginer que soient entièrement modifiés les rapports au temps, à l'espace ? Comment se représenter les conditions de la vie de tous les jours ?

Dès l'incarcération, il est clairement notifié au nouveau détenu qu'il vient de passer de l'autre côté du mur d'enceinte. Lui est affecté un numéro matricule qui est, ni plus ni moins, celui de l'ordre d'arrivée à la prison. Ce numéro, identificatoire avant tout, inscrit aussi son détenteur dans l'histoire de ceux et celles qui sont passés par la prison. Il n'est plus seulement un homme. Il est devenu un homme détenu. Ce numéro modifie de façon sensible le rapport à l'identité : inscrit partout, réclamé à tout moment, il figure sur la porte des cellules à côté du nom, inséparablement. Le nouveau détenu n'est plus seulement M. Untel, mais M. Untel, numéro tant. Ce n'est pas rien.

Un détenu est quelqu'un dont la liberté de manœuvre est désormais circonscrite et dépend d'une autorité autre que la sienne. Toute démarche de la vie quotidienne doit alors passer par l'autorisation ou le refus de ceux qui ont la charge de la détention.

A son arrivée, une cellule est affectée au nouveau détenu. Dans la mesure du possible elle est individuelle, mais dans les faits, elle est plus souvent l'*occasion* de partager un quotidien intime vingt-quatre heures sur vingt-quatre avec quelqu'un d'inconnu. Neuf mètres carrés dans lesquels sont attribués deux lits superposés, une table double, deux chaises, un placard (sans penderie), un lavabo et des toilettes. Donnant sur l'espace très étendu de la prison, la fenêtre cruciforme aux larges barreaux horizontaux s'ouvre dans sa partie supérieure pour laisser passer un peu d'air. Au loin, les arbres de la forêt voisine, en face, de l'autre côté du vaste terrain de sport, l'un des quatre autres bâtiments du quartier des hommes.

C'est là, désormais, qu'il va falloir vivre.

Les premiers temps sont très éprouvants. L'enfermement, l'isolement, l'impossibilité de sortir de ce local de neuf mètres carrés sans y être autorisé, tout ceci est difficile à vivre. A cela s'ajoute une série de règles qui gèrent la vie au quotidien. Un papier (appelé drapeau) glissé dans l'interstice de la porte, signale au surveillant que quelqu'un dans cette cellule désire quelque chose. Pas d'autre moyen pour se faire entendre ! Si l'on a la chance d'avoir sa cellule à proximité du lieu de passage, cette technique est à peu près efficace, mais si, par malchance, elle se situe en bout d'aile... l'attente peut être très longue ! Alors il reste, pour les plus pressés, les plus nerveux, les plus exaspérés... les cris et les coups sur la porte.

Le détenu désire travailler, rencontrer quelqu'un, aller à l'école, voir le médecin, se faire couper les cheveux ? Alors, il doit faire une lettre : voici le mot d'ordre de la détention. Écrire est nécessaire et incontournable. Comment font ceux qui ne savent pas écrire ? Ils attendent plus longtemps que les autres... ou ils rencontrent quelqu'un qui fait la lettre à leur place.

Si l'ordinaire de la *gamelle* ne convient pas, si le détenu désire fumer, regarder la télévision... il lui faut de l'argent. Celui qui n'en a pas est condamné à vivre aux crochets plus ou moins généreux de ses compagnons. L'argent ? On peut en obtenir via l'extérieur si ceux de dehors sont disposés à en envoyer, sinon, il faudra travailler et attendre avec patience que tombe la première paye.

La même logique que celle de l'extérieur préside ici, avec ses forts et ses faibles, ses nantis et les autres. Ceux qui reçoivent de la visite, ceux qui n'en auront pas, ceux qui comprennent pourquoi ils sont là, ceux qui se révoltent...

La prison n'est pas autre chose que le « miroir soigneusement caché, mais non déformant de la société tout entière », ainsi que le dit Alain Cugno[4].

---

4. Alain Cugno, *Projet*, n° 269, printemps 2002, p. 61.

« La plus atroce offense que l'on puisse faire à un humain c'est de nier qu'il souffre[5]. »

Ce matin, après des kilomètres d'embouteillage, j'arrive enfin devant Fleury-Mérogis. La pluie qui n'a cessé de tomber depuis quelques jours me fait presser le pas. A la porte d'entrée, une femme à laquelle il manque vraisemblablement une autorisation, se voit refuser l'accès de la maison d'arrêt. « Mais je suis attendue », s'impatiente-t-elle. Les surveillants derrière leur vitre blindée lui expliquent avec patience et fermeté que, sans autorisation signée de la direction, elle ne peut aller plus loin. Après un signe amical de la main en direction des surveillants, je glisse mes affaires sur le tapis roulant détecteur d'objets suspects et passe sous un portique : rien ne doit sonner !

Encore trois grilles à franchir et me voilà de l'autre côté des murs d'enceinte, sur la petite route qui fait le tour des cinq bâtiments de la détention des hommes. Il pleut de plus en plus fort et mon parapluie résiste difficilement aux rafales du vent qui se lève.

Les nombreux chats qui résident sur le site ont trouvé refuge sous les longs couloirs aériens qui relient l'ensemble des édifices.

---

5. C. Pavese, cité par Lytta Basset, *Le pouvoir de pardonner*, Paris, Albin Michel, 1999, p. 19.

Une certaine agitation règne dans le bâtiment où je travaille. Agitation palpable, qui passe par les regards, les poignées de main et glisse dans les voix. Le temps épouvantable de ces derniers jours y est sûrement pour quelque chose, mais pas seulement, la nuit a dû être remuante. Dans son bureau, René, le chef de détention, derrière une pile de dossiers, la cigarette à la main, a une conversation animée avec l'un des surveillants-chefs. Il me fait signe d'entrer. Un dénommé Balko a fait du tapage toute la nuit, il voulait qu'on lui mette la télévision. Et ce matin au petit déjeuner, un surveillant l'a retrouvé couvert de sang : il s'est encore coupé !

« Comment veux-tu qu'on gère cela ? Déjà qu'on a du mal avec la détention normale, mais en plus avec ceux qui pètent les plombs... Non, ce n'est pas possible, il va falloir qu'on trouve d'autres solutions que celles de nous coller tous les cas psy ! »

René est un homme placide d'une cinquantaine d'années qui a toujours travaillé en milieu pénitentiaire. Il a donc du métier, a vu passer du monde, a géré des situations diverses et variées, mais, depuis quelques mois, il dit son épuisement. Serait-ce le temps épouvantable qui entame jusqu'au moral des plus résistants ? Ou le nombre trop élevé de détenus pour la capacité d'accueil du bâtiment ? Ou encore le manque de moyens humains et financiers ?

La complexité de toutes ces questions interdit d'y répondre trop rapidement. Il y a des moments où trop de choses sont à revoir pour que l'on sache par où il faudrait commencer ! Pourtant, il est inévitable de s'y atteler rapidement. La très forte augmentation de détenus psychologiquement instables rend très ardue la gestion de la détention.

Après avoir salué ceux qui travaillent sur l'aile administrative, je relève le courrier mis dans ma boîte aux lettres. Les mots sont très courts.

« Je voudrais savoir si vous pouvez mettre un peu d'argent sur mon compte, car je n'ai rien, je suis arrivant. » Voilà quelqu'un qui sait déjà que l'aumônier peut éventuellement dépanner.

« C'est la première fois que je tombe en prison, je n'ai pas le moral. Pouvez-vous passer me voir ? »

« J'aimerais aller à la messe. Pouvez-vous m'inscrire ? »

« Je suis très déprimé, ma famille ne m'écrit pas... j'ai besoin de parler à quelqu'un. »

« Je n'ai pas pu cantiner de tabac, je suis un gros fumeur, pouvez-vous me dépanner ? »

« J'ai entendu parler de vous. On m'a dit que je pouvais vous parler... »

« Vous avez promis de repasser me voir cette semaine, j'attends votre visite. »

En montant à mon bureau, je croise le surveillant chargé de la lingerie aidé d'un détenu qui descend avec peine le chariot où s'entrepose une lourde pile de draps propres. De l'autre côté de la grille, quelques détenus remontent des parloirs. Ils sont encore imprégnés de la rencontre de trente minutes qu'ils viennent d'avoir avec leurs proches. Pour certains ce fut une joie, pour d'autres la séparation est vécue comme un déchirement. Un grand blond tout jeune est blême en annonçant au surveillant qu'il vient d'avoir un *parloir fantôme*[6]. Il semble inquiet et demande qu'on puisse téléphoner à ses parents pour savoir ce qui s'est passé.

Pendant ce temps-là, un groupe de détenus sort bruyamment de la douche, la serviette sur l'épaule. Le premier surveillant réclame un peu de silence.

Plusieurs me saluent : « Alors sœur Isabelle, ça va aujourd'hui ? » Presque tous savent qui je suis, même si, avec la plupart, je ne vais guère plus loin que ces salutations quotidiennes.

Charles

Je me rends chez Charles, mon premier rendez-vous de la journée. Cela fait un peu plus de dix mois qu'il est à Fleury. Le choc des tout premiers jours est absorbé, mais, avec le temps qui passe, Charles réalise combien les liens avec ceux de dehors ont été coupés. Sa famille ne veut plus avoir de contacts avec lui, ses amis lui tournent progressivement le dos et son employeur lui a fait savoir qu'il ne pourrait le reprendre.

« Que me reste-t-il ? Ma femme ne m'écrit pas et mes enfants, poussés par leur mère, sûrement, ne me donnent plus de nouvelles. Que me reste-t-il ? scande-t-il. J'ai tout perdu. On dit que la prison c'est la privation de la liberté. Oui, mais c'est bien autre chose, aussi, c'est la perte de tout ce qui faisait notre vie dehors. D'accord, il faut payer. D'accord, j'ai fait du mal et c'est normal que je sois puni pour cela, mais tout perdre ! »

Il est amer, désabusé. Comment l'aider à passer ce cap ? Ils sont nombreux à vivre ces ruptures avec tout

---

6. Expression courante en prison pour désigner que personne n'était au rendez-vous annoncé.

ce qui a fait leur vie auparavant. Ils sont nombreux ceux qui ressortiront sans que personne ne les attende.

Rupture ! Ce mot recouvre une réalité omniprésente en détention. Pour le nouveau détenu, tout est brutalement interrompu : sa relation avec le monde extérieur, avec sa famille, son travail, son rythme de vie... Ce brutal changement de rapport au temps et à l'espace qu'impose l'incarcération est source de grand désarroi. Le premier courrier, le premier parloir vont être attendus avec impatience et angoisse : m'ont-ils oublié dehors ?

Ils sont nombreux ceux que personne ne visitera, ceux qui au long de leur détention vont attendre en vain que quelqu'un dehors pense à eux.

Ruptures ! Autant de séparations de toute sorte dont ils craignent qu'elles ne deviennent définitives.

Un peu plus tard dans la matinée, une bagarre éclate en cour de promenade : une histoire de cachets promis mais non donnés. Ici beaucoup de substances circulent et sont l'objet de trafics et de trocs. Comme au-dehors. Je dois le dire, quelque chose m'échappe : comment celui qui est condamné pour commerce de drogue va-t-il comprendre sa peine si, durant sa détention, il continue son trafic sans réellement être inquiété ?

Peter

Parmi les mots que je trouve dans ma boîte aux lettres, il y a celui de Peter, en anglais. Il vient d'arriver, n'a rien et a entendu dire que je parle anglais et peux l'aider. Je le trouve dans sa cellule, assis devant la fenêtre, une couverture sur les épaules. Il se lève. Très mince, grand, il ne doit pas avoir plus de vingt ans.

Fugace, un sourire éclaire son visage blême quand il comprend qui je suis. Dans un anglais approximatif prononcé de façon troublante pour mon oreille il me dit d'une voix sourde : « *Sister*, je n'ai rien. Regardez, je n'ai pas d'autres vêtements que ceux que j'ai sur moi. J'ai très froid. *Please*. » Je lui promets de lui rapporter de quoi se vêtir chaudement.

Peter vient du Sierra Leone. Ils sont nombreux dans son cas, depuis quelques mois, qui fuient leur pays et arrivent en France pour demander l'asile politique.

« J'ai quitté mon pays, il y a la guerre... Je ne peux pas retourner là-bas, je suis recherché... Je n'ai rien ici... Il faut m'aider, *sister*. » Il semble effrayé et se met à pleurer.

« Regardez, j'ai été blessé là-bas. » Il relève son tee-shirt et me dévoile un torse couvert de balafres. Il commence, toujours dans le même anglais, à me raconter son histoire. Je suis obligée de tendre l'oreille pour en déchiffrer le contenu. Cet homme a besoin de parler de sa vie, de son pays. A qui peut-il dire sa détresse ? Tout ceci me semble très loin. Je ne connais rien de sa culture ni de son pays que je situe, avec hésitation, du côté du Sénégal. Pourtant, quelque chose passe, au-delà des frontières, des langues. Sa souffrance est celle d'un homme. Je l'entends et elle me touche.

Peter ne comprend pas grand-chose à ce qui lui arrive. Il veut solliciter le statut de réfugié politique et va donc en faire la demande. C'est important pour lui, il croit à la réponse positive de la France. Je crains qu'elle ne le soit pas.

Que faire, que dire ? Je suis désorientée. De quoi cet homme est-il coupable ? Le punit-on d'avoir quitté son pays et la guerre ? De demander refuge ? D'être un indésirable parce que noir et économiquement peu rentable ?... De l'humanité il n'a jamais connu que celle qui l'opprime et le pourchasse. France, terre d'asile ! Qui peut l'accueillir ?

Marcel

Un autre mot, dans mon courrier, ce jour-là. Celui de Marcel.

« Je suis devenu une épave », ne cesse-t-il de répéter à chacune de nos rencontres. Petit homme replet, à la mine toujours triste, il traîne avec lui un ennui, une lourdeur qui, progressivement, nous ont tous éloignés de lui.

Incarcéré depuis deux ans pour détournement d'une partie des fonds de l'entreprise familiale, il n'a cessé de sombrer dans une torpeur qui, aujourd'hui, prend les allures d'une grave dépression. Sa mère, très âgée, ne peut se déplacer, mais reste la seule à lui écrire encore. Une lettre vient à manquer un jour et c'est la panique, Marcel imagine le pire : sa mère est mourante et il ne pourra plus la revoir vivante.

Son angoisse, sa détresse ne cèdent pas à l'impressionnant traitement médicamenteux dont il est pourtant l'objet. « C'est que je suis trop gravement atteint », dit-il avec fatalité.

Chaque fois que je le croise, je l'entends me dire du même ton plaintif : « Cela ne va pas aujourd'hui. » J'ai l'impression de rencontrer un fantôme.

« J'ai dérobé un peu d'argent, c'est vrai. Mais pas ce qu'ils disent. Ils en profitent pour me faire porter le chapeau de certaines erreurs de gestion. Qu'est-ce que je peux faire ? De toute façon, je suis un perdant, j'ai toujours été un perdant. »

Marcel ne se bat pas. Peut-être même ne s'est-il jamais battu ?

La vie de cet homme me rend infiniment triste. Ils sont nombreux ceux qui lui ressemblent.

Je remonte dans mon bureau. Entre-temps, un surveillant a cherché à me joindre car Peter m'a réclamée.

« Je n'ai pas bien compris ce qu'il voulait. Il parle un drôle d'anglais, mais je crois que c'est un pull chaud, vous avez cela, ma sœur ? »

Mon Dieu, je l'avais oublié !

Aujourd'hui, un timide soleil est revenu, donnant au gris des murs une certaine douceur. Je prends mon temps. Un fourgon s'est arrêté devant le bâtiment et des hommes en descendent, le vêtement fripé. Certains ont le visage mangé par une barbe de quelques jours. On les appelle par leur nom de famille. L'un d'entre eux ne semble pas entendre, son regard traîne sur toute cette nouveauté, anxieux, épuisé. Le surveillant répète son nom en élevant la voix. Pendant ce temps, des détenus descendent en chahutant à la promenade du matin. Dans l'après-midi, ils auront la possibilité d'une autre sortie d'une heure et demie. Ces sorties très attendues sont autant de moments pris hors de la cellule.

Jean-François

Depuis dix-sept mois Jean-François est enfermé, attendant son jugement. Le temps est long. Beaucoup de ses camarades ne sont plus là. Ils ont été jugés et sont partis pour un centre de détention ou ont été libérés. Jean-François attend. Le temps qui passe ne lui donne que peu de paix. Il a braqué de nombreux lieux publics, armé jusqu'aux dents. Il vient d'avoir vingt-six ans.

Comme chaque semaine, je lui rends visite dans sa cellule. De sa voix sourde comme s'il ne parlait plus qu'à lui-même, il me salue. Une poignée de main, un regard qui plonge dans le mien : « Asseyez-vous, ma sœur. Je vous fais un thé ? »

Nos rendez-vous, depuis son arrivée à Fleury, ont lieu le jeudi après-midi. La date du jugement n'est pas encore fixée et le temps se fait long. Attente. Silence. Usure. Interminable.

Insupportable. Silence des proches, silence de la machine judiciaire. Depuis quelques semaines, Jean-François s'enfonce dans un mal-être qui l'inquiète, le trouble :

« Je ne sais pas combien de temps je vais tenir, tout ceci est trop lourd pour moi. »

Il a le teint cireux de ceux qui ne sortent plus en promenade depuis longtemps.

« Pourquoi faire ? On tourne en rond, j'en ai marre de tourner en rond. Est-ce que je vais me sortir de tout cela ? Je ne comprends pas ce qui m'arrive, quand je me promène à l'intérieur de moi-même, je ne reconnais plus personne. Oui, je suis à côté de moi, je marche à côté, parce qu'à l'intérieur je ne reconnais plus rien. »

Assis sur le rebord de son lit, il a l'œil vague, la voix lente. Je le regarde comme si je découvrais tout à coup la fragilité de cet être. Panique, désarroi, les jours qui passent sont comme une entrée plus profonde encore et encore dans ce qui le constitue.

Attendre est une des données de base de la détention. Attendre la fin du jour pour le barrer sur le calendrier accroché au mur. « Un jour de moins. » Attendre le jugement, une visite au parloir, l'avocat, une réponse à un courrier interne... Attendre, toujours attendre. Accepter de ne jamais savoir, d'être à la merci d'un autre pour tout.

Il y a des jours où cette attente est insupportable car elle renvoie à trop d'impuissance. Il y a de quoi craquer.

Samuel

Je passe voir Samuel. Lui aussi attend. Son transfert dans un centre de détention. La justice l'a condamné à dix ans de réclusion pour le meurtre d'un ami. Il est serein. Étonnamment serein compte tenu des circonstances et des longs mois qu'il lui reste encore à faire. Samuel profite de ce temps d'incarcération pour comprendre sa vie. Souvent il me dit : « C'est une chance d'avoir ce temps pour faire le point sur ma vie. Jamais je ne l'aurais pris comme cela dehors, vous pensez bien ! »

Il éclate de rire. Samuel est positif, il veut faire de ce temps d'isolement forcé un temps de construction pour sa vie. Il a réellement pris conscience de l'horreur de son crime et de ce qui, en lui, est porteur d'une violence qui le déborde.

Il est midi moins dix. Je dois aller rendre ma clé. Je range hâtivement mes affaires dans l'armoire de mon bureau et m'apprête à quitter le bâtiment. Ceux qui sont chargés d'apporter le repas sont à l'œuvre. Les lourdes gamelles laissent échapper une puissante odeur de merguez. Seront-elles encore chaudes pour les derniers servis ?

Je presse le pas car je ne veux pas manquer Nadine. Grande jeune femme aux cheveux presque rouges, Nadine fait partie de l'équipe des travailleurs sociaux de la prison. Dans son bureau, une pile de dossiers, ceux des détenus dont elle est en charge.

Nous parlons de Jean-François.

« J'ai eu son avocat, me dit-elle. Il ne peut pas venir le voir avant la semaine prochaine. C'est long ! J'ai eu sa mère, aussi. Elle ne veut plus entendre parler de son fils, elle dit qu'il lui en a trop fait voir et qu'elle n'en peut plus. Comment va-t-on lui annoncer cela ? »

Nous évoquons Peter et d'autres. Comment les aider à traverser des étapes difficiles ? Comment accompagner leur détention et ainsi préparer leur sortie ?

« Il y a tant à faire, commente Nadine, que nous n'avons pas les moyens d'accompagner chacun. C'est un peu décourageant ! Mais, bon, il faut faire avec ce qu'on est et ce qu'on a, non ? Et si on allait déjeuner ? »

Au mess, nous retrouvons beaucoup de ceux et celles qui travaillent sur notre bâtiment. Nous décidons de ne pas parler boutique, une pause nous est nécessaire. L'univers carcéral n'est pas des plus légers...

Enfin, il fait vraiment beau ! L'air est léger et doux. Nous avons tous attendu avec impatience ces premières douceurs du soleil de printemps. Les chats se prélassent sur les carrés de verdure qui bordent les bâtiments. Tout semble moins triste. A l'entrée, Aliou, l'auxi[7] jardinier nettoie les plates-bandes. Des fleurs sauvages ont surgi, çà et là, ensemencées par les caprices du vent. Bleues, jaunes, rouges, elles sont une touche inattendue de couleur et de vie dans la grisaille du béton. Aliou, la bêche à la main, me sourit et je m'arrête pour contempler avec lui les fruits de son travail. Il vient de planter quelques arbustes. Cette halte, la légèreté de l'air le rendent loquace ; il me parle de sa famille, de la ferme dans laquelle il a grandi. « La terre, ça me connaît ! », dit-il fièrement. Nous sommes bien, là, à bavarder et le temps d'un moment, la prison est loin.

Mon nom, soudain crié de la fenêtre d'une cellule, me sort du calme de ces instants. J'ai reconnu la voix de Marco et lui réponds que je monte le voir.

Marco

Marco fait partie de ces détenus qui vivent leur incarcération dans le dénuement le plus complet. Soumis en permanence à la générosité des autres, il mendie un peu de tabac par ci, un peu de café par là. Personne dehors ne se soucie de lui, personne dedans ne peut vraiment lui proposer quoi que ce soit. Il semble ne pouvoir s'insérer dans rien. Il ne sait ni écrire ni lire, n'a rien qui le rattache à une quelconque vie sociale et erre de lieux en lieux, au gré des circonstances qu'il ne maîtrise plus depuis longtemps déjà. Marco est un *paumé*, comme on les appelle volontiers.

7. « Auxi » signifie, dans le langage de Fleury, un détenu qui est affecté aux tâches générales : nettoyage, plomberie, électricité...

Paumé, paume. Paume de la main. Un paumé est-il celui à qui on n'a pas su tendre la main ?

Marco vient de revenir. Il y a deux mois à peine, il était déjà là. Sa cellule est sale (pourquoi lui en donner une propre puisqu'il va la salir très vite !). Il a le même pull que lors de sa dernière incarcération, mais nettement moins propre. A trente-huit ans, Marco a l'air d'un petit vieux. Édenté, le cheveu rare, le teint terne et creusé par tant de nuits et de jours à chercher un petit coin où loger une solitude qui semble sans issue. Il me demande du tabac, du sucre et du café. Que faire pour lui et pour tous ces hommes qui, comme lui, mendient d'abord un peu de chaleur humaine ?

Je me souviens de celui qu'on appelait par son nom de famille : Tiare. Combien de quolibets sur son nom : Tiare, tare... Le pauvre homme, totalement perdu, errait en cour de promenade à la recherche de mégots qu'il fumait avec délectation. Sa cellule était si sale que personne ne pouvait y entrer sans un haut-le-cœur. Nourriture et vêtements, tout pourrissait dans un même magma.

Et quand je lui suggérais de nettoyer un peu tout cela, il me disait que dans sa tête c'était trop embrouillé pour qu'il ait la force de faire quoi que ce soit.

Gérard

Certains de ces hommes, totalement démunis, dehors comme dedans, ont pu cependant trouver en prison une main tendue, une vraie main amie qui a su les respecter. J'aime, à ce propos, citer ce que Paul, un ancien de Fleury, parlant d'un de ses codétenus, m'écrivit un jour.

« Gérard, un vieillard de presque quatre-vingts ans, à la force herculéenne, à moitié sourd, que ses compagnons successifs de cellule supportaient difficilement, et que l'on me colla sans avis préalable un après-midi de printemps : sa présence illumina ma vie. Notre rencontre se fit dans la manifestation de la détresse, celle d'un vieil homme titubant devant l'amas de linge, d'aliments et d'objets en fatras, mêlés à son matelas et à ses vêtements rassemblés dans un drap noué. Je le fis s'allonger pendant que je triais et rangeais ses effets, découvrant des habits tellement sales qu'il me fallut trois jours pour les laver; et puis, je le fis parler, et constatais que ses pieds étaient dans un état lamentable, et c'est tout naturellement que je les lui lavai avant de lui couper les ongles avec le pauvre ustensile dont nous disposions. La scène, je m'en souviens, avait quelque chose de biblique. En le faisant parler de lui, ce qu'il fit sans retenue, comme un enfant confiant, il me raconta tout, et c'était terrible; j'écoutais en silence, devant un vieil homme qui, à l'évocation de ces moments très durs, se mit à pleurer. Puis il s'endormit, et ainsi se scella une cohabitation amicale de trois mois, où je me mis à son service en tout ce qui lui était nécessaire; il était mon frère, et les complications de son caractère étaient bien secondaires. »

Il est réconfortant de voir au milieu de toute cette souffrance, de toute cette violence, de merveilleux moments d'humanité. Ils ne sont pas rares pour qui veut bien les voir et se laisser toucher.

Steve

« Dans ma tête, un jour, tout a explosé.

– Comment cela ?

– Comme quelque chose qui détruit, qui me divise en deux.

– Et qu'est-ce qui a produit cela ?

– Des images que je n'aurais pas dû voir... Ma mère, pour que je reste tranquille, me mettait devant des cassettes pornos... J'avais huit ans... Je n'ai pas assumé... Alors j'ai commencé à boire, à fumer... Et maintenant, à vingt et un ans, j'en suis à ma huitième incarcération. J'attends que quelque chose de meilleur que tout cela arrive dans ma vie ! »

Ce dialogue, c'est avec Steve que je l'ai. Surréaliste.

Le soir même, alors que je vais louer une cassette vidéo, je surprends un enfant d'une huitaine d'années qui veut obliger sa mère à le laisser entrer dans le local fermé par un rideau noir derrière lequel se trouve l'étalage des cassettes X. La mère résiste mollement : « Arrête, ce n'est pas pour toi. » Mais l'enfant insiste et, échappant à la main maternelle, s'engouffre dans le local interdit. Mon sang ne fait qu'un tour et j'interpelle vertement la mère.

Elle commence par le prendre de haut, mais les gérants du magasin ainsi que quelques clients se rangent à mon avis. « Cédric, viens ici, le monsieur va te gronder », dit-elle fixant le gérant. « Madame, c'est votre fils, c'est à vous de dire quelque chose », répond-il avec sagesse.

« Il ne m'obéit pas », lance-t-elle découragée.

Moi aussi je suis découragée. L'histoire de Steve se répète sous mes yeux.

Je reprends ces quelques mots déjà cités au début de ce paragraphe : « La plus atroce offense que l'on puisse faire à un humain, c'est de nier qu'il souffre. »

Lytta Basset ajoute en commentaire : « Ce n'est pas la souffrance qui plonge dans l'abîme celui ou celle qui l'a subie, c'est la négation de cette souffrance par autrui, la minimisation ou le refus de prendre acte de cette souffrance[8]. »

La souffrance ! Je ne l'avais pas imaginée si présente dans un lieu de ce genre. Elle ne me semblait normale, recevable que du côté des victimes. Or, force m'est de constater qu'elle est là, partout, derrière chaque porte, au détour de chaque histoire. Comme je l'ai déjà dit, certains d'entre nous ne comprennent pas toujours bien que je donne du temps pour ceux qu'on appelle les coupables, les agresseurs : « Après tout, ils n'ont que ce qu'ils méritent, ils sont là pour payer. Ce sont des victimes qu'il faut s'occuper. »

Qu'est-ce que cela signifie ? Que leur souffrance ne mériterait pas d'être entendue ?

Qu'il y aurait une souffrance digne de compassion, d'aide et une autre qui serait le prix du crime, de l'expiation ?

« Qui s'intéresse à ma souffrance ? C'est celle d'un assassin. Je paye ce que je dois payer. Mais qui en sait le prix ? Qui sait l'horreur de mes nuits ? Mon remords me tue lentement, est-ce cela que vous voulez ? » (Simon).

Non, ce n'est pas cela que je veux. Cette réponse est la mienne, elle m'engage.

---

8. Lytta Basset, *Le pouvoir de pardonner*, *op. cit.*

Les barreaux intérieurs

« Comment se fait-il que personne n'ait réussi à m'expliquer que j'étais à la fois problème et solution ? », m'a, un jour, dit Claude.

Problème et solution ?

Problème, oui, l'homme l'est sûrement pour lui-même et les autres. Qui de nous n'a jamais été troublé de se découvrir, au gré des circonstances, l'auteur courageux ou lâche de paroles et de gestes dont il ne se serait pourtant pas cru capable ? Comment ? Je suis cette personne-là ! Énigme, oui, nous le sommes pour nous-mêmes. Pour les autres aussi, quand, avec notre volonté de réduire, d'anéantir peut-être une différence que nous ne supportons pas, nous devenons une menace sur leur chemin. La liste est longue des dangers, mais aussi des espoirs, que nous sommes au quotidien les uns pour les autres et pour nous-mêmes.

Il n'est jamais *confortable* de voir mis en lumière ce qui en nous est le moins avouable et que jusque-là nous avions réussi à mettre de côté. Notre propre image en est tout à coup altérée, nous laissant alors bien souvent affligés et désemparés. Il faut du temps pour cicatriser nos blessures et apprendre à vivre avec cette part de nous-mêmes qui, revenant sans cesse à la charge, semble déborder notre volonté.

A l'inverse, est-il plus évident de reconnaître que nous ne sommes pas aussi *pourris* que notre histoire nous l'avait affirmé ? « Quelqu'un de bien, moi, vous plaisantez ! », me disent souvent les détenus.

Mettre en parole ces fragments de nous-mêmes aussi incertains que déroutants pour sortir des images qui nous enferment, voilà une entreprise de longue haleine.

Mettre au jour, apprendre à déchiffrer ce qui nous entrave comme ce qui nous délie, découvrir et admettre que ce qui nous concerne est en nous et en personne d'autre, tout ceci est le travail d'une vie. Alors, pour reprendre le terme de Claude, solution nous le sommes pour nous-mêmes, en tant que clé de compréhension. En effet, nous portons en nous la capacité à donner sens à ce que nous sommes et faisons. Quelqu'un peut aider à le formuler, mais non point le dire à notre place.

Ceci est l'objet, en prison notamment, de découvertes importantes. Beaucoup n'ont jamais pris le temps de s'arrêter pour mettre en mots l'histoire de leur vie. De ce fait, ils réalisent mal le poids de ce qui entrave leur vie et les fait tomber et retomber dans les mêmes pièges. Tout ce *trop lourd à porter* que l'on tente d'alléger dans l'alcool, la drogue ou encore l'argent, constitue ce que j'appelle les barreaux intérieurs. Invisibles ou à peine perceptibles ils interdisent, plus sûrement que ceux de la prison, une effective libération. Il me paraît nécessaire d'aider à leur identification.

Pierre et la force de la haine

« Ne me secouez pas, je suis plein de larmes[9]. »

Pour Pierre tout est toujours de la faute des autres : ceux qu'il rencontre ne savent pas l'aimer, ses enfants sont des ingrats, le surveillant ne comprend pas, le chef ne fait pas son travail... Il n'a pas de chance, n'en n'a jamais eu ! C'est sa vie qui en est la cause. Une vie de misère et de souffrances. Oui, c'est de la faute de sa vie, pas de la sienne. D'ailleurs, comme pour barrer la route à tous les scepticismes, Pierre parle abondamment de sa misère. Il la déverse dans la peur, sans cesse répétée, de ne pas être compris et d'être rejeté.

« Ma mère ne m'aimait pas. Jamais elle ne me prenait sur ses genoux pour m'embrasser. Elle me regardait à peine ou seulement pour me dire que je ressemblais à mon père ! Tout ce qu'elle faisait c'était pour me faire du mal. Elle et lui ne s'entendaient pas. Elle disait que mon père la trompait et que c'est pour cela qu'elle buvait... D'ailleurs très vite ils se sont séparés. Moi, comme je vous l'ai déjà dit, j'ai été placé. J'ai fait quelques foyers et quelques familles d'accueil. Je voyais mon père de temps en temps. Ma mère jamais. Elle s'est complètement désintéressée de moi. Oui, je suis violent, oui, je gueule tout le temps quand les choses ne vont pas bien. Mais je ne suis pas le monstre qu'on dit que je suis. Non, jamais je ne serai d'accord avec cela ! »

---

9. « C'est sur la peau de mon cœur que l'on trouverait des rides. Je suis déjà un peu parti, absent. Faites comme si je n'étais pas là. Ma voix ne porte plus très loin. Mourir sans savoir ce qu'est la mort, ni la vie. Il faut se quitter déjà ? *Ne me secouez pas. Je suis plein de larmes.* » Henri Calet (1904-1956), deux jours avant sa mort.

Pierre est un petit homme râblé, toujours très agité, il ne tient pas en place, ne cesse de se lever, de se rasseoir. Depuis longtemps il a adopté la coupe très courte de presque tous les hommes en détention. Son teint devenu cireux et ses traits creusés sont ceux d'un homme qui vient de passer plus de seize mois sans presque jamais sortir. Toutes les expressions passent sur son visage aux traits réguliers qu'encadrent deux grandes oreilles légèrement décollées. Le plus souvent, il a l'air en colère, comme s'il n'avait pas fini de régler ses comptes. Agressif, vindicatif, parfois même d'une rare violence, toujours en tension dans son rapport aux autres, Pierre n'a pas le contact facile.

Toutefois, à de rares mais intenses moments, il sourit d'un sourire qui éclaire, transfigure toute sa personne. Un autre homme surgit, alors, lumineux, pacifié. D'où vient ce sourire ? De quelle terre enfouie est-il le signe ? Il déplace mon regard. Pierre devient autre que cet homme que je crois connaître et qui m'irrite si souvent. Il y a de l'espérance, de la vie enfouie en lui.

Nous nous rencontrons très régulièrement depuis le début de son incarcération. La date de son procès est enfin toute proche. Attendu autant que redouté, ce procès matérialise toutes ses craintes, toutes ses angoisses, toutes ses espérances, toute sa haine, aussi.

Au début de son incarcération, je m'en souviens, il m'avait déclaré : « Je vois un psychologue, mais avec vous ce n'est pas pareil. » Il avait hésité, tirant un peu plus vigoureusement sur sa cigarette : « Avec vous... je voudrais me confesser. Je voudrais parler à Dieu et qu'il me pardonne. » Comme à chaque fois qu'une telle requête m'est faite, j'avais précisé : « Je ne peux pas vous donner l'absolution, je ne suis pas prêtre, mais je peux vous écouter. Si vous le voulez, je peux demander à un prêtre de venir vous voir. »

Il avait dit qu'il préférait me parler parce qu'il me connaissait un peu et avait confiance. Ce qu'il m'a confié ce jour-là, jamais nous n'en avons reparlé. Chaque fois que j'ai tenté d'y faire allusion, il nia me l'avoir dit. Cette situation peu confortable renforce l'irritation, le malaise que je ressens devant lui. De temps à autre, il arrive encore à Pierre d'infirmer quelque chose qu'il a farouchement assuré la veille ! Pas facile de se situer face à lui...

« Vous savez, j'ai tellement honte... On m'accuse d'avoir braqué des personnes âgées pour leur piquer leurs économies... Vol avec violence, en somme... Vous vous rendez compte ! Mais moi, je sais bien que je ne l'ai pas fait... C'est affreux de m'accuser de cela. Je ne suis pas un homme à cela. Je vais me battre pour prouver mon innocence, vous verrez. On dit que celui qui faisait cela portait un collant sur le visage... cela peut être n'importe qui, non ? »

Son innocence, durant de longs mois, il la clame. Il se dit atterré, crie au complot alors qu'une deuxième affaire lui est signifiée : violences sur la personne d'un handicapé. « Vous avez vu, on veut ma mort ! »

Au fil des mois, Pierre se fige dans une attitude de victime persécutée par un entourage qui non seulement ne le comprend pas mais veut sa perte.

Le verdict au procès tombe comme une masse : quinze ans !

A partir de ce jour-là, Pierre laisse libre cours à sa haine. Une haine terrible, qui enfle au jour le jour. Une haine qu'il entretient avec constance. Rien ne semble pouvoir l'arrêter. « Je vais me venger, vous allez voir ! » Il reparle de sa vie, de toute sa souffrance.

De sa mère qui l'attachait à son lit pour qu'il arrête de faire pipi, de son père qu'il retrouve pendu dans la cave alors qu'il n'a que douze ans, des foyers où il va être envoyé parce qu'il est devenu violent et alcoolique !

« Une vie comme celle-là, ce n'est pas une vie. Et puis, maintenant, ma femme et mes enfants qui me laissent tomber... je n'ai plus d'espoir... La seule chose qui me tient c'est de tuer ma mère en sortant, c'est elle qui est responsable de tout. »

Charmante perspective !

Je me sens impuissante. Nous sommes tous impuissants. Pour le moment, tout au moins. Pierre reste, de longues semaines, cloîtré dans sa haine « recuite », comme il dit.

« Vous m'en voulez ? Tant pis, vous me laisserez tomber comme tous les autres », me crie-t-il un jour, plein de colère, de souffrance et de désespoir.

Que faire ? Que penser ? Avec lui, je sens si souvent vaciller ma foi en l'homme. Sa haine si violente, sa souffrance si vaste me font peur. Il y a des moments où totale est ma lassitude et tentatrice mon envie de l'envoyer au diable ! Au diable ? « Pas besoin, il y est déjà ! », me dit un membre de l'aumônerie auquel je me confie.

Il y est déjà ? Oui, si le diable séjourne en enfer, alors Pierre est avec le diable. Il y est depuis son enfance ! En enfer depuis si longtemps... Enfer de la souffrance subie, commise. Enfer de ne pouvoir en sortir. Enfer palpable, submergeant. Enfer, enfermement.

Il me faut prendre de la distance. Ce n'est pas l'horreur de ses crimes mais la négation de sa responsabilité qui me submerge parfois. Pierre n'a rien fait, il n'a jamais rien fait. Cette négation m'est devenue insupportable, infernale. C'est-à-dire qu'elle m'enferme, moi aussi, m'aspirant dans une spirale mortifère et destructrice.

« Laisse, il y a des gens qui ne peuvent s'en sortir. Ils sont trop atteints. Leurs schémas intérieurs sont tellement en place. Leur capacité à aimer a été trop abîmée. » Des gens qui me veulent du bien me donnent leur avis. Ils ont l'air convaincus. Et s'ils étaient dans le vrai ? Que faire ? Après tout, il y a bien des maladies du corps que l'on ne peut guérir, pourquoi pas celles de l'âme...

D'autres, moins nombreux mais tout aussi motivés, me disent qu'il faut garder espoir parce que Pierre peut finir par prendre conscience du terrible malheur pour lui et les autres qu'est cette haine. Il me rappellent que son refus à reconnaître sa responsabilité traduit d'abord son impossibilité à le faire.

C'est un vrai combat que je vais livrer avec moi-même durant de nombreux mois. Il me faut faire un certain effort pour ne pas réduire Pierre à ce qu'il donne à voir. Il y a tant de haine en lui, tant de désir de tuer... Parfois je veux fuir cet homme, ne plus le voir. Pourtant, je n'en fais rien. Il y a sa souffrance. Si lourde. Je la contemple, je l'écoute, elle me retient à ses côtés. Tout comme son sourire qui force mon espérance à rester en éveil. Ce sourire qui, en une fraction de seconde, éclaire ce visage aux joues creusées par de longues nuits passées à pleurer et à écrire les pages où se déverse sa haine.

Oui, ce sourire qui le sort tout à coup de son humanité défaite et grimaçante. Ce sourire qui le rend à ce qui, en lui, malgré tout, est resté digne et beau. Sourire qui, plus sûrement que toute parole impossible à dire encore, révèle cette part de lui-même qui, dans son histoire, n'a pas encore été profanée. Terre vierge. Terre de la promesse. Pierre est et demeure un homme.

Oui. Je ne dois pas déserter cette conviction. C'est le moment ou jamais de la tenir précieusement à l'abri de la corrosion du dégoût et du découragement.

Combats.

Simon a tué

> *« Créon : Le méchant n'a pas droit à la part du juste.*
> *Antigone : Qui sait si nos maximes restent pures aux yeux des morts ?*
> *Créon : Un ennemi mort est toujours un ennemi.*
> *Antigone : Je suis faite pour partager l'amour, non la haine*[10]*. »*

Simon a tué. Deux êtres chers, deux êtres qu'il aimait et qui l'aimaient.

Sa femme, son fils de quinze ans.

L'inimaginable s'est produit, un jour, alors qu'à la suite d'une querelle, tout à coup, les paroles se sont envenimées, les gestes se sont affolés.

C'était il y a quelques années, mais la blessure est là, à vif, souvent encore intenable.

« Comment puis-je oublier ? Toute ma vie je verrai le regard inanimé et désemparé de ces deux êtres si chers !... Je suis un monstre. Comment ai-je pu ? C'est moi, moi seul qui suis responsable. »

Durant les longs mois où je vais le rencontrer, Simon répète toujours ces mêmes mots comme s'ils

10. Sophocle, *Antigone,* 512-543.

étaient séquestrés, incapables d'émerger de leur gangue. Il rencontre le psychologue régulièrement et me dit ne pas parvenir à lui en exprimer davantage. Je ne sais comment l'aider et finis par me demander si nos rencontres n'amplifient pas ce phénomène de répétition et d'enfermement. Je suis attentive à ce qu'il n'y ait pas double emploi avec le travail fait avec le psychologue, mais sa souffrance, sa détresse sont si vives, l'attente de nos rendez-vous si évidente que je demeure dans cette écoute sans savoir où elle nous mène.

Cela fait plus d'un an que nous nous rencontrons et je finis par me sentir moi-même prise au piège répétitif et verrouillant de ses mots, de ses attitudes.

« Je suis un monstre, ce que j'ai fait est tellement épouvantable. »

Regard terrible qui va de lui à lui, sans qu'aucune autre parole ne puisse se frayer un chemin. Parole en boucle, sans instance critique où l'autre finalement n'a que très peu de place. Je sens l'agacement et le découragement me gagner. Comme avec Pierre, notre relation s'est laissé enfermer, verrouiller. Il devient urgent, pour lui comme pour moi, de sortir de ce piège.

Un jour, alors que revient encore le même discours, je lui demande tout de go : « Quand vous dites que vous êtes un monstre, y a-t-il une image qui est associée à ces mots ? »

Il me répond sans hésiter : « Oui, c'est comme si j'étais sur un manège dont je ne peux descendre. »

Je me sens encouragée à poursuivre : « Et de ce manège, voulez-vous descendre quelques instants ? »

Il semble désemparé : « Comment ? Je ne sais pas si c'est possible... »

Je pressens une ouverture et me risque : « Oui, vous êtes celui qui a tué sa femme et son fils. Oui, cet acte est monstrueux, mais vous n'êtes pas seulement cet homme-là. Vous êtes, aussi, celui qui avez aimé votre femme et votre fils. »

Il me regarde et son regard se trouble. Il se met à pleurer, lentement, abondamment.

« Oui, c'est vrai, vous avez raison, je les ai aimés et les aime toujours ! » Puis, il éclate en sanglots. Depuis ce jour, une autre parole, en lui, a surgi. Comme s'il lui fallait (re)découvrir celui qui, en lui, n'est pas un monstre : cette part pure, innocente. Il commence alors à parler de sa souffrance à lui et non plus seulement de celle qu'il a fait subir aux autres. Il est intarissable et apprend à oser reconnaître et à nommer peu à peu les traces du mal que d'autres lui ont fait. Il parle de son père, un homme d'une violence inouïe, trop souvent ivre, qui n'hésitait pas à frapper, humilier. Un homme qui devant son fils tuait les animaux par plaisir et frappait sa propre femme jusqu'à l'évanouissement. Simon, du plus loin qu'il se souvienne, raconte et raconte encore. Il parle de sa mère incapable physiquement et psychologiquement de résister à tant de violence et qui finira par mourir d'une pneumonie alors que Simon n'a que dix ans. Il dit son désespoir, le soir de l'enterrement, de trouver son père avec une femme dans la chambre conjugale.

« Il ne respectait rien ni personne. C'était un monstre ! » (Tiens, le même mot que pour lui, notais-je au passage.)

En me parlant de tout cela, Simon comprend que le poison qui le ronge depuis tant d'années est la haine qu'il voue à son père. Cette découverte, dans un premier temps, le plonge dans la culpabilité. « Je n'ai pas le droit de haïr mon père. Même si c'est un monstre, c'est tout de même mon père. » Mais dans les jours, les semaines qui suivent la haine le déborde. Elle enfle, elle est immense et ce d'autant plus qu'elle n'a jamais osé se déclarer.

« Ma violence à moi n'est pas que la mienne, me déclare-t-il stupéfait de ses découvertes. J'ai fait un héritage ! Il y en a qui reçoivent de l'argent... moi, j'ai eu de la violence. Je me suis mis à boire. J'ai cru que cela allait chasser tout ce qui était mauvais en moi. Je n'ai pas eu le courage de regarder la réalité en face, j'ai fui dans l'alcool. Je ne le croyais pas, mais j'ai fait comme mon père ! J'ai repris sa suite. »

Un autre jour il me dit, sûr de lui : « J'ai beaucoup réfléchi, je crois que mon père est responsable de la mort de ma femme et de mon fils. » Mais vite il se reprend : « Non, c'est moi qui ai tué, il ne faut pas que je cherche des excuses. »

Pourtant, une porte est ouverte. Elle va lui permettre de sortir de cette scène où il est seul face aux deux victimes. Scène impossible, insoutenable. Il lui est devenu insupportable de rester seul face à ses images-là. Qui le pourrait, d'ailleurs ?

Alors, lentement, doucement, nous prenons le temps d'écouter autrement les mots qu'il dit : « Je ne comprends pas, je ne peux admettre d'être le meurtrier de ma femme et de mon fils... Je ne peux reconnaître l'homme en moi qui a fait cela. C'est moi et ce n'est pas moi. »

Il n'identifie pas cet homme, cette part meurtrière de lui-même. Certes, il dit encore qu'il est un monstre, mais n'admet plus de n'être que cela. Il cherche à comprendre, à entendre *ceux* qui parlent en lui. Long travail qu'il est décidé à ne pas fuir. J'aimerais, quelquefois, que le temps s'accélère. Comme il est long le chemin qui nous mène à nous-mêmes.

« C'est moi et ce n'est pas moi... » Ces quelques mots me donnent à penser et me renvoient à ce que beaucoup d'autres disent souvent : « J'étais en dehors de moi-même quand cela est arrivé... C'est comme si je n'étais pas là... un autre moi que je ne connais pas. »

« Je ne comprends pas ce qui m'a pris... Comment j'ai pu faire cela... Ce n'est pas moi, ce n'est pas possible. »

« Je ne sais pas ce qui me pousse à toujours faire les mêmes choses... C'est plus fort que moi... J'ai cela dans la peau... »

Ne disent-ils pas tous une même expérience ? Celle de ce quelque chose qui nous déborde, qui vient d'un lieu encore inexploré de nous-mêmes.

« Vraiment, ce que je fais, je ne le comprends pas[11]... »

Rachid : je n'existe pas

> *« En quoi les faibles sont-ils coupables, s'ils n'ont pas pu supporter ce qu'ont enduré les forts[12] ? »*

Un jour, dans sa cellule, nous parlons avec Rachid du rapport médico-psychologique le concernant. Il n'en comprend pas les termes et me demande de les lui traduire.

---

11. Lettre de saint Paul aux Romains 7,15.
12. Dostoïevski, « La légende du grand Inquisiteur », *in Les frères Karamazov*.

« Somatique... épisode délirant... immaturité affective... et puis ils disent que j'ai une intelligence inférieure à la moyenne, c'est quoi ça ? Et une carence affective cela veut dire quoi ? »

Nous prenons du temps pour tenter de comprendre les termes sans rester enfermés dans ce qu'ils semblent raconter.

« Comment ont-ils pu dire toutes ces choses sur moi en m'ayant vu si peu de temps ! Je ne comprends pas. Ils disent des trucs que je ne comprenais même pas et moi comment est-ce que je peux parler avec eux ? Ils ne parlent pas normalement. Ils ont rien à dire sur ma vie, ils la connaissent pas. »

Et puis, sans transition, comme un enfant qui passe subitement d'une chose à une autre, il me lance avec un large sourire : « J'ai décidé d'arrêter de fumer. Avec le ramadan, c'est bon, je vais y arriver. »

Le rapport d'expertise est oublié, un temps du moins.

« Vous avez vu, j'ai de nouvelles baskets, cool, non ? Ah, mais c'est trop cette détention ! J'en ai marre, j'veux changer de vie, moi, j'en peux plus de souffrir. Cette putain de galère, ça me dégoûte, j'ai trop la haine ! »

Dans la cellule d'à côté une voix traverse le mur et l'appelle. « Attends, lui répond Rachid, je suis avec ma sœur.

– Avec ta sœur ? Comment cela ? Dans ta cellule ?

– Mais oui, dans ma cellule.

– Mais c'est pas possible ! Ta sœur n'a pas le droit d'être dans ta cellule. C'est quoi ce délire ?

– C'est la sœur de l'Église.

– Ah ?... Dis-lui que je veux la voir moi aussi quand elle aura fini. »

Je suis troublée par la façon dont Rachid a parlé de moi, *ma sœur*. J'ai à peine le temps d'y penser que déjà il embraye : « C'est quoi être intelligent ? Vous croyez que je suis bête ? »

Il n'est ni amer, ni en colère comme d'autres à la lecture de tels rapports ; non, il me dit seulement son étonnement que des gens puissent dire sur lui des choses si claires, tranchées, alors même qu'ils ne savent finalement pas grand-chose de lui.

C'est quoi être intelligent ? Vaste question. Que lui dire ? Que l'intelligence ne se mesure pas seulement avec une batterie de tests, qu'elle est variable dans le temps, qu'elle est le fruit, aussi, de la qualité de l'amour que l'on a reçu ? Oui, peut-être, et alors ? Rachid a besoin que l'on pose sur lui un regard qui lui laisse sa dignité, qui le restaure dans une image de lui qui est déjà tellement vacillante.

Il me parle de sa mère et de sa tendresse. Il est fier de sa mère, de son courage intact quelles que soient les circonstances. Il me parle de la vie de tous les jours, de son père alcoolique et violent, des fins de mois impossibles. Le décès de sa mère (il n'a que douze ans) à la suite de longs mois de combat contre la maladie et la souffrance qui le laisse désemparé. Il n'a plus de repères et commence les fugues, la drogue, les vols pour avoir davantage de drogue. Puis ce sont les multiples condamnations, jusqu'à celle-ci. Rachid a vingt et un ans et déjà neuf incarcérations !

Sa vie, celle de tant d'autres comme lui, m'impressionne. Où sont l'enfance, la jeunesse, le cadre familial, les études, un minimum de sécurité affective ?

On a beau dire, si tous ceux qui connaissent ce type d'enfance et de jeunesse ne finissent pas en prison, en revanche, trop de ceux qui viennent et reviennent en prison ont grandi en terre violente et désenchantée.

En sortant de chez Rachid, je suis allée voir son voisin comme il me l'avait demandé. Jérôme qui venait, à la faveur d'un parloir avec sa femme, d'apprendre la mort de sa propre sœur. Ma sœur, sa sœur... comment ne pas être troublée par ce qui se nouait autour de ce mot ?

Plus tard, en y repensant, j'ai mieux compris à quel point le terme attaché à ma fonction n'est pas anodin. Rachid n'a pas dit je suis avec *la* sœur, mais avec *ma* sœur. Cette distinction, qui n'était d'ailleurs pas la première, me parut et m'apparaît toujours comme très significative des rapports qui se sont établis entre eux et moi. Mais aussi du désir, pas toujours conscient, de n'être pas séparés de ceux et celles qui constituent leurs liens familiaux. Être relié à ses racines, savoir que ses propres racines ne nous délaisseront pas, c'est être, du même coup, assuré de la réalité de sa propre existence.

Le lendemain, je retrouve Rachid très excité, le cheveu en bataille, l'œil noir, il invective un autre détenu et veut le frapper. Deux surveillants s'interposent. La situation est devenue très tendue et Rachid hurle : « Il m'a volé. Il a pris des papiers que j'ai dans ma cellule. Je vais le tuer. »

Il finit par être maîtrisé, non sans mal. Quelques heures plus tard, alors que je le crois calmé, je le fais venir dans mon bureau, mais il est encore très énervé.

« Il m'a volé, je vous dis ! C'est un connard, je vais le buter !

– Que vous a-t-il volé ?

– Des papiers très importants... Attends, je vais aller le buter, je vais lui écraser sa face de rat, il va voir ! J'en peux plus, moi, il faut que je frappe quelqu'un. »

Sans réfléchir je lui propose : « Vous voulez frapper ? Eh bien, frappez, allez-y ! »

Il me regarde, sidéré. Je lui tends ma main verticale et ouverte. Il la regarde, il a envie de frapper, il va frapper, son poing est levé, son œil est menaçant. Et puis sa main retombe et il éclate en sanglots. Je suis saisie. Il pleure un moment, d'abord bruyamment puis, peu à peu, un certain calme se fait.

« J'ai mal en moi. J'ai trop mal. Tout me tombe dessus. J'en peux plus. Personne ne peut m'aimer. »

Je le regarde. Son visage est taillé dans du roc à grands coups de ciseaux, comme toute sa personne, massive et anguleuse à la fois. Comme s'il lisait mes pensées il dit calmement, comme pour une annonce : « Je ne suis pas beau parce que je n'existe pas, c'est pour cela que les autres ne m'aiment pas. »

Ce que nous venons de vivre ensemble, ces quelques mots, soudain, dans la pièce, entre nous, en moi une rare densité envahit l'espace. *Je ne suis pas beau parce que je n'existe pas*. Ces quelques mots proclament le poids démesuré de son histoire. Que dire ? Je ressens une tristesse infinie, une incapacité à consoler, à guérir, à soulager qui que ce soit. Le malheur de l'humain est trop grand et nos larmes impuissantes à changer le cours des choses. Je me sens si fatiguée tout à coup.

Qui peut m'aimer ? Maladie incurable que celle qui nous laisse loin des rives où l'amour repose. Sans amour, qui peut vivre ?

Quelques jours plus tard, j'apprends que Rachid est entré dans une immense fureur et a frappé tous ceux qui se trouvaient sur son passage. Après avoir été difficilement maîtrisé, il est resté prostré.

Il a été admis en unité psychiatrique.

Quand j'ai demandé pourquoi cette fureur, on m'a répondu qu'il n'avait pas supporté qu'on lui fasse une remarque sur la propreté de sa cellule. Cette remarque a été la goutte d'eau qui a fait déborder tant de colère et de désespoir accumulés.

Misère humaine.

Me reviennent encore ces paroles d'un certain Paul de Tarse : « Vraiment ce que je fais je ne le comprends pas : car je ne fais pas ce que je veux, mais je fais ce que je hais... Je ne fais pas le bien que je veux et commets le mal que je ne veux pas... malheureux homme que je suis[13]. »

Avec ces quelques lignes, Paul rappelle le combat que nous livrons et celui qui est livré, semble-t-il, en dehors de nous. Comme si nous étions soumis à des forces qui quelquefois nous dépassent et nous entravent.

Barreaux intérieurs.

13. Lettre aux Romains 7,15-19.

2
Créer des liens qui délient

« Je cherche ton visage ultime certitude
Mais mon regard tremblant se perd dans le maquis
Des souvenirs cachés, de mes bonheurs enfuis,
Et je frappe mon front contre l'incertitude
Qui tapisse les murs de cette solitude
Où me tiennent l'absence et les ingratitudes.
Écoute-moi, ne me laisse pas !
Je dirai les jours vides, les nuits vêtues d'absence
Les couchants engloutis dans un souffle fragile
L'aube glauque qui pleure en brumes immobiles
Le temps qui s'est inscrit en signes de silence.
Écoute-moi, reviens-moi, attends-moi,
emmène-moi, sauve-moi, ne me laisse pas !
Je cherche ton image, ultime certitude
Plus loin que l'horizon, au-delà de la brume,
là où s'unit le ciel à la brise d'écume
Ne laisse pas le temps fixer ma solitude
Ne m'abandonne pas à ce vide écrasant
Ne me condamne pas au rêve du néant !
Délivre-moi d'un mot, sauve-moi d'un sourire
Es-tu là[1]*... »*

---

1. Poème de Paul Ch., Fleury-Mérogis, 1997.

Ne pas comprendre ce que l'on fait, ne pas vouloir avoir fait ou dit telle chose, désirer faire et être autrement, échapper à ce qui, en nous, plus fort que nous, nous enchaîne et nous entraîne... Qui de nous n'a jamais eu de telles hâtes ?

« Je suis venu annoncer aux captifs qu'ils sont libres[2] », dit Jésus à la foule incrédule. De quelle captivité Jésus parle-t-il ? Captif, captivé, attaché, séduit... par quelles forces ?

Forces en nous plus fortes que nous ?

L'histoire de chaque vie nous enseigne sur la nature de ces forces, de ces liens qui nous entravent.

Peut-on être libéré de ces liens ?

En tout être humain a été déposée une trace inaliénable du créateur : l'homme, tout homme est aimé de Dieu. Certains diront qu'une telle affirmation est de l'angélisme, de la naïveté, que cela est le fruit d'une volonté simple et pure de nivellement par la bonté. Je les laisse croire cela. Pour ma part, c'est de tout autre chose qu'il s'agit.

---

2. Évangile selon saint Luc 4,18.

Parler de cette façon de Dieu et de l'homme c'est mettre en postulat un élément constituant de la relation qui les unit.

L'amour.

C'est lui le lien, l'unique lien qui existe entre le créateur et sa créature. L'amour comme lien, un lien appelé à délier. Un lien fait pour délier.

Paradoxal. Comment un lien pourrait-il délier ? Sa fonction même est d'attacher, de fixer, d'enchaîner. Pourtant, nous l'avons déjà expérimenté, il y a des liens dont la nature même nous délivre de ce qui nous retenait captifs. Ce sont les liens qui nous unissent à celles et ceux qui nous écoutent sans nous condamner, qui nous respectent, nous font confiance, nous espèrent.

Écouter, espérer l'autre malgré tout... N'est-ce pas une certaine façon de tisser des liens qui permettent de résister à la captivité dans laquelle nous veulent nos forces de destruction ?

Certes, comme le dit Adolphe Gesché, « même l'amour le plus parfait ne donne pas toute clé, ni toute réponse sur nous-mêmes et sur l'autre[3] ». Une façon de ne pas oublier que le désir de toute-puissance guette sans cesse à notre porte, même quand nous sommes animés des meilleures intentions !

3. Adolphe Gesché, *Dieu pour penser / L'homme*, Cerf, 1993, p. 20.

Rester à l'écoute

« L'homme est cet être toujours en quête de son humanité et du secret qu'elle recèle...
Nous pressentons que le fait de nous pencher à la margelle de notre propre puits, nous conduit peut-être jusqu'au sens de notre vie[4]*. »*

Jacques à la recherche de lui-même...

Dans l'après-midi, alors que la pluie a enfin cessé, je retrouve Jacques.

Il m'attend dans sa cellule, une enveloppe brune à la main. Le temps de troquer ses nu-pieds, non réglementaires, pour des chaussures fermées et il me suit jusqu'à mon bureau, un étage au-dessus.

Une fois assis, il extrait une lettre de l'enveloppe et me la tend :

« Lisez, vous allez voir. » Elle vient du travailleur social qui le suit.

« Comme vous me l'aviez demandé, j'ai appelé votre femme, elle va bien, mais en ce moment, elle est fatiguée à cause de la grossesse et des examens médicaux à pratiquer. »

Jacques a l'air grave. Ses sourcils étonnamment épais se rejoignent, formant comme un arc de cercle au-dessus de deux grands yeux très noirs. Il ne sait pas encore s'il doit se réjouir qu'un contact ait eu lieu ou si il a du souci à se faire pour l'état de santé de la maman

4. Adolphe Gesché, *Dieu pour penser / L'homme, op. cit.*, p. 15.

et du futur bébé. Il vient tout juste d'avoir trente ans et Angèle, sa compagne rencontrée quelques années auparavant, est enceinte de leur premier enfant. Elle tente de rester présente malgré l'éloignement, les soucis financiers et la lassitude de le voir replonger régulièrement pour les mêmes erreurs, « un vice qui lui colle à la peau ».

Jacques poursuit, fébrile : « Cela fait huit jours qu'elle ne m'écrit pas. Je sais bien qu'elle est débordée, mais, sans nouvelles, moi je ne peux pas tenir. Cela gamberge dans ma tête. C'est tellement dur d'être ainsi séparés. On dit que la prison c'est la privation de liberté! C'est bien davantage. C'est aussi la privation de tous ces contacts qui font notre vie. Être séparé de ceux qu'on aime, quelle épreuve! »

Il reprend son souffle. Délicatement, d'une de ses poches, il sort une photo plastifiée. Deux jeunes gens sourient, assis à la terrasse ensoleillée d'une maison. « Notre premier été. » Ému, il s'arrête. Puis, brusquement, il poursuit : « Vous savez, je veux vraiment m'en sortir. Cela fait trop d'années. Avec ma femme et le bébé, je me sens du courage. Mais je vois bien que je ne suis pas libre dans ma tête, dans ma vie. Cela fait tant d'années que je cherche à comprendre pourquoi je n'arrive pas à vivre... Je n'ai pas d'histoire... ou plutôt, je n'ai que des histoires que je ne peux raconter, elles sont trop moches. Je ne sais pas le sens de tout cela... pourquoi moi... j'ai fait un héritage dont je ne veux pas... il m'empêche de vivre... il me fait faire des choses que je ne veux pas faire... Est-ce que je vais pouvoir me débarrasser de cette pourriture en moi ? »

Jacques réalise combien il est devenu nécessaire de refaire surface, de prendre, enfin, les dispositions qui s'imposent. Mais comment? Il a décidé de faire un travail avec un psychologue. « J'ai besoin de comprendre ce qui en moi est plus fort que moi. C'est le moment, maintenant, j'ai tellement perdu de temps... J'ai cru longtemps que c'était la faute de la drogue. En fait, la drogue c'est ce qui est visible... En vrai, c'est plus profond que cela. La drogue c'est pour cacher ce qui ne va pas. Quand je suis malheureux, alors je prends de la drogue et comme cela je suis heureux. C'est une évasion. La drogue me rend déserteur de ma propre vie. C'est une vraie tromperie, le moment agréable ne dure pas et après c'est pire. La réalité devient de plus en plus pénible à supporter et le rêve de plus en plus inaccessible. On ne peut que détruire les deux.

– Les deux ? » Je suis intriguée.

« Oui, le rêve et la réalité. J'ai pris conscience de cela quand j'ai compris que j'allais de plus en plus mal. Maintenant, qu'est-ce que je fais avec cela ? Comment est-ce que je m'en sors ? Il faut que je n'aie plus peur d'aller voir ce qui m'empêche de vivre. »

Jacques ne veut plus de ces incarcérations à répétition, il mesure la chance qu'il a d'avoir rencontré Angèle et d'attendre, avec elle, un enfant.

« Vous savez, j'en suis à ma sixième incarcération. Au début, je ne comprenais pas que cela pouvait être ma chance d'être là, au contraire, j'avais la haine. Je ressortais avec encore plus de rage. Je voulais démolir tout le monde. Aujourd'hui, ce n'est pas pareil, je veux m'en sortir. Je croyais que j'avais tout perdu, mais il me reste encore quelque chose.

– Encore quelque chose ? » Je m'attendais à ce qu'il me dise quelqu'un et me parle d'Angèle.

« Oui, quelque chose : il me reste ma dignité. Elle est encore là, pas beaucoup de dignité, peut-être, mais dignité tout de même. Je ne veux pas la perdre. Vous savez, la dignité, c'est énorme. Si je la perds, je me perds totalement, vous ne croyez pas? Je peux dire maintenant : heureusement qu'il y a la prison, sinon je ne sais pas où je me serais arrêté. Elle m'oblige à regarder ce qui m'arrive. Ma dignité c'est quelque chose que je veux transmettre à mon gosse. »

Je regarde Jacques. Il a le regard clair, les traits tirés et d'épais cheveux bruns qui encadrent de leurs boucles un visage assez rond. Malgré ses trente ans, il ressemble à un adolescent. Ses mots sonnent juste. Je lui souris.

« Vous êtes quelqu'un de bien », lui dis-je, emportée par mes mots.

« Quelqu'un de bien? Vous plaisantez! Jamais on ne m'a dit cela! » Il me fixe, soudain méfiant.

« Vous croyez que c'est faux parce qu'on ne vous l'a jamais dit ?

– Je ne suis pas quelqu'un de bien. Si je l'avais été, Angèle me l'aurait dit, non? Quelqu'un de bien c'est quelqu'un qui fait du bien dans sa vie. Moi, je n'en fais pas. Si j'étais quelqu'un de bien, je m'occuperais des autres, je n'irais pas en prison... Moi, tout ce que je sais faire, c'est des conneries!

– Il y a des conneries, comme vous dites, mais n'y a-t-il que cela ? Vous êtes comme tout un chacun, vous avez en vous une part de bon que personne ne peut vous ôter. Sauf vous-même. » J'hésite un peu sur ces derniers mots. Sauf vous-même ? Est-ce si sûr ? En tout cas, je l'ai dit.

Jacques reste un long moment en silence. Il regarde au-dehors les deux équipes de foot qui se mesurent malgré une pelouse détrempée. Les cris de ceux qui, de leurs fenêtres, suivent le match résonnent et viennent heurter les murs des bâtiments voisins. Des détenus affrontent une équipe de surveillants.

« Ma dignité, c'est d'elle dont vous parlez quand vous dites que je suis quelqu'un de bien ? »

La dignité, n'est-ce pas faire appel au possible de l'homme ?

Nous venons de passer une heure ensemble, il est temps de se séparer, d'autres m'attendent.

Je suis transie. Depuis quelques jours, pour cause de printemps, le chauffage a été éteint. Dans certaines parties de la détention le froid est devenu insupportable. En effet, l'étanchéité douteuse des fenêtres n'a rien arrangé car elle laisse passer, dans le meilleur des cas, un filet d'air permanent et l'humidité de ces derniers jours. Les murs et les fenêtres donnent l'impression de transpirer, rien n'est épargné. Comment font ceux qui passent vingt-quatre heures sur vingt-quatre en cellule ?

Je tente de me réchauffer avec le thé bien chaud du distributeur automatique. J'y retrouve Martine qui enseigne les rudiments de notre langue à tous ceux qui en font la demande. Elle me parle des progrès de Victor. Je m'en réjouis avec elle.

« Lorsqu'un individu réprime, refoule certaines choses, alors celles-ci reviennent plus tard avec une violence extrême... C'est pour cette raison-là, thérapeutique, si j'ose dire, qu'il faut se souvenir. Sauf que le souvenir, la mémoire ne sont pas seulement une thérapeutique. Il s'agit de quelque chose de plus élevé, de plus urgent, de plus solennel, de plus majestueux[5]... »

---

5. Élie Wiesel, *Le mal et l'exil*, Paris, Nouvelle Cité, 1988, p. 253.

Une parole, quelle qu'elle soit, vient de quelqu'un. Elle est située. Elle implique son auteur. Elle dit quelque chose de celui qui parle, comme de celui dont on parle.

Elle est un lien entre celui qui parle et celui qui écoute. Elle révèle une part, jamais le tout, des interlocuteurs et de leur relation.

Lien mystérieux entre les êtres dont on croit pouvoir faire un objet de connaissance et de domination. Comme si parler était dire : je sais.

Je ne sais rien, ou si peu. Les mots cachent un non-savoir dont nous peinons à reconnaître la réalité. Il nous faut savoir, il nous faut comprendre (*conprendere*, c'est-à-dire prendre avec soi) c'est ainsi que nous sommes faits.

Or, l'être humain que je suis, celui que je rencontre échappent à cette mainmise du savoir. Oh, bien sûr, nous savons des tas de choses les uns sur les autres ! Sur la façon dont notre corps est constitué, si nous aimons la confiture de fraises, la musique classique, la mer ou la montagne... Mais ce n'est pas de ce savoir-là que je parle, mais d'un autre, bien plus prétentieux et dangereux dont nous usons au quotidien : « Je te connais, je sais qui tu es... »

Qu'est-ce que l'homme pour que tu penses à lui ?

Pour l'aumônier de prison que je suis, me tenir à la place de celle qui écoute me fait contempler la nouveauté déroutante de l'homme et de Dieu. Écouter ce qui se dit dans la banalité des jours qui se suivent comme dans l'extraordinaire de certains instants. Toute parole, si minime, si fragile, si violente ou si souffrante soit-elle, toute parole est parole. Toute parole parle et dit quelque chose de celui qui la prononce et en prison, moins qu'ailleurs, aucune parole n'est insignifiante.

Ce bonjour clamé ou murmuré au détour d'un couloir, cet appel au secours crié dans mon bureau, ces mots qui en cachent d'autres trop lourds à dire... toute parole est pleine de celui qui la dit.

J'écoute parce que je crois qu'il y a quelque chose à entendre. Cela fait de nombreuses années que je me suis mise à l'écoute d'autres. D'abord dans l'accompagnement spirituel, puis avec l'aide des outils de la psychanalyse. Ayant été écoutée moi-même, j'ai fait l'expérience de ce que cela peut façonner, éclairer, guérir.

Écouter c'est porter de l'intérêt à ce que dit une personne qui parle. Bien sûr, il existe des façons très diverses d'écouter, selon les circonstances, les personnes, l'état intérieur, et ce n'est évidemment pas mon propos que d'en exposer ici les nuances. Toutefois, l'écoute en prison a quelque chose de spécifique. Ainsi que je l'ai dit, les premiers temps furent difficiles. En effet, le cadre, l'étape de vie de ces hommes, la nature de certains délits, la violence des situations évoquées, les personnalités souvent agressives... tout ceci produit un certain type de relation humaine... Il m'a donc fallu emprunter d'autres passages que ceux que je connaissais déjà. La gravité de ce qui m'était dit laissant parfois en moi une impression de lourdeur extrême, j'ai dû découvrir comment prendre un minimum de recul face à tout cela.

Au fil des mois, en relisant ma pratique, j'ai notamment réalisé qu'il y avait dans l'approche de la population carcérale le risque d'un certain voyeurisme, d'un goût pour le sensationnel. Cette prise de conscience, peu flatteuse, eut et a encore pour avantage de m'aider à purifier mon écoute.

Peu à peu, avec le nécessaire apprivoisement réciproque, mon accueil s'est fait plus désintéressé, plus sobre, plus discret. J'ai approfondi l'importance d'offrir à celui qui le demande un espace de liberté. Pas de jugement, pas de question qui laissent planer un soupçon sur ce qui est dit. Je ne représente ni la justice ni l'administration pénitentiaire. Je suis là pour accueillir ce qui veut bien se dire. Quelle que soit la manière dont cela se dit ou ne parvient pas à se dire. Quelqu'un qui parle est quelqu'un qui se cherche et qui cherche l'autre.

Si, aujourd'hui, je continue de mettre mon temps à la disposition de cette écoute-là, c'est que d'expérience je crois qu'il y a en l'autre une terre inconnue, en friche, prête à faire vivre sa propre semence. Semence de sa terre spécifique, vivante en elle dans le secret. Semence mise au jour, décelée (descellée, aussi) par la parole elle-même !

Pour croire cela, il faut laisser à la confiance le temps de tisser ses liens au fil de la parole échangée. Il faut lui laisser le soin de dévoiler la vie que l'on croyait perdue. En effet, ceux qui, aujourd'hui, risquent une parole ont jusque-là trop souvent rencontré des interlocuteurs hésitants quant à la puissance de la vie, pour eux-mêmes comme pour les autres. Des êtres qui avaient trop d'histoires de mort en eux, autour d'eux. Trop de mort tue le sentiment de la vie. Un mort n'écoute pas, seul un vivant peut le faire. L'écoute vivante est celle que fait un vivant, pour un vivant. Cette écoute-là révèle la présence du vivant là où l'on ne voyait plus que de la mort. Elle est essentielle, primordiale.

Écouter quelqu'un c'est lui donner cet espace où cohabitent ce qui est dit et ce qui ne peut encore se dire. Écouter c'est, dans le silence et le respect, laisser parler la vie avec tous ses cadavres. En effet, pour lui permettre de se frayer un chemin quelquefois douloureux, improbable, souvent redouté, il est important de permettre que tout se dise, y compris la mort.

... Jacques est quelqu'un de bien

Il me reste à trier quelques papiers en attendant de rencontrer Jacques. Il fait lourd dans ce petit bureau que j'occupe au deuxième étage au milieu de la détention. J'ai laissé la porte ouverte de façon à créer un courant d'air. Mais la partie de fenêtre qui s'ouvre ne permet pas de miracles en matière d'aération ! Le soleil de l'après-midi inonde ma table de travail. Au mur des dessins offerts par quelques détenus au graphisme variable. J'aime ce bureau, le seul, pour le moment, à ne pas être dans l'aile administrative mais au carrefour des trois ailes de l'étage qui comptent cinquante cellules chacune. Les détenus connaissent ce bureau puisque tous les jours, pour la promenade, la douche, ou toute autre sortie de la cellule, ils passent devant ma porte. Certains n'hésitent pas à venir y frapper.

L'heure du rendez-vous est là, je vais retrouver Jacques. Contrairement à notre dernier entretien, il est assez agité.

« Vous savez, j'ai repensé à ce que vous m'avez dit. Que j'étais quelqu'un de bien. J'arrive pas à me dire cela, j'arrive pas y croire ! Mais je pense que ça a à voir avec ma dignité. Je vous fais confiance et je voudrais vous dire quelque chose que je n'ai encore jamais dit à personne. »

Je suis attentive.

« Vous allez me prendre pour un fou... non ? Quand j'étais petit, je me trouvais dans une famille d'accueil et souvent je voyais un homme qui avait quatre zyeux (il fait la liaison avec un z imaginaire). Cela me faisait très peur. Je n'ai jamais su si c'était vrai ou si c'était un rêve. Qu'est-ce que vous croyez ? »

Avec une certaine angoisse, il attend de moi une réponse.

« C'est important pour moi, cela fait des années que cela me travaille. »

Je lui réponds assez spontanément :

« Je ne sais pas, mais ces quatre zyeux, comme vous dites, cela m'évoque un regard qui compte double.

– Les quatre zyeux, un regard double ? » Long silence durant lequel l'expression de son visage me donne à penser que la piste peut être bonne. Il reprend :

« Oui, c'est cela, ce sont mes deux racines. Mon père est d'Afrique du Nord et ma mère est Bretonne. Je me sens tiraillé entre les deux cultures. L'islam, le christianisme... Je n'ai jamais vraiment pu choisir. Même si j'ai pas vécu avec eux, n'empêche, ce sont eux mes parents et je crois toujours qu'il faut que je choisisse entre les deux. Avec cela, je ne choisis rien... et j'en suis toujours au même point. C'est terrible pour moi de ne jamais choisir. J'ai l'impression de n'être de nulle part, de n'avoir pas de racines. J'ai envie de mourir parfois, tellement c'est difficile. Alors, je cache mon incapacité à choisir, mon envie de disparaître dans la drogue. »

Jacques me dit combien il est précieux po[...]
découvrir qu'il peut faire confiance à quelqu'un.

« J'ai davantage de confiance en moi, cela doit [...]
contagieux la confiance que vous me faites... »

La semaine suivante, alors que je me rends dans sa cellule, le surveillant me fait savoir que Jacques n'est plus là.

« Comment cela, plus là ?

– Oui, il a été transféré. »

Mon cœur se serre. Encore un qui, du jour au lendemain, par la grâce de l'administration pénitentiaire, a quitté Fleury pour une autre prison. Qu'il est éprouvant de s'attacher à des humains. M'oubliera-t-il ? Cette question est bien narcissique, mais elle est là.

Je m'arrête au rez-de-chaussée pour prendre une boisson chaude. Une fatigue lourde m'a soudain engourdi le corps. Je me sens découragée. Il me semble parfois que ces hommes ne sont pas beaucoup plus que des pions qu'on place ici ou là au gré des places disponibles. Je déplore que ces décisions ne tiennent pas effectivement compte de l'accompagnement initié depuis de longs mois au travers de tous les liens tissés durant la détention. Liens qui chacun à leur manière ont permis à quelqu'un de se remettre debout, de prendre davantage la mesure de ce qui l'a amené en prison. Quelle importance accorde-t-on à ce travail de vérité, de mûrissement que certains tentent de faire lors de leur incarcération ?

Un détenu, un jour ou l'autre, ne sera plus un détenu. Il sortira. Mais dans quelles conditions ? N'avons-nous pas, lui comme nous tous, *intérêt* à ce qu'il ressorte dans les meilleures conditions ?

Je propose une boisson à Catherine la surveillante que je rencontre devant la machine à café. « Vous avez l'air fatiguée, ma sœur », dit-elle gentiment. Je lui fais part de ma lassitude.

« Je vous comprends. Moi aussi, il y a des moments où je trouve mon travail harassant. J'aimerais avoir du temps pour rencontrer davantage les détenus, mais comment faire ? On a déjà du mal à faire ce qu'il y a à faire : les promenades, les douches, les repas... J'aime ce métier. Je pense que c'est un beau métier, mais nous n'avons pas assez de moyens. »

Elle poursuit tout en soufflant sur le café qui fume :

« Et puis, vous le voyez bien, la détention est difficile en ce moment. Trop de personnes dérangées dans leur tête. On est impuissant devant tous ces problèmes. A propos, vous avez aperçu Kabiane récemment ? »

Je fais non de la tête.

« Il est de plus en plus mal. Sa cellule est dans un état effroyable. Il passe la nuit à hurler, à taper sur la porte. Les autres en ont marre et nous, qu'est-ce qu'on peut faire ? Ce n'est pas ici qu'ils devraient être, ces gens-là. Nous ne pouvons pas gérer. »

Nous terminons de boire en silence. Puis Catherine embraye, tout enjouée :

« En tout cas, bientôt les vacances. J'ai mes congés bonifiés, je rentre chez moi, à la Martinique, pour deux mois. Cela va être génial, je vais pouvoir oublier tous ces soucis ! »

Cette perspective de soleil et de cocotiers tout à coup fait passer un précieux souffle de légèreté. Oui, de la légèreté dans ce milieu ou pas grand-chose n'en possède, voilà qui est précieux !

Roland

« Quelqu'un ici me reconnaît-il... Qui peut me dire qui je suis[6] *? »*

Cette double question du roi Lear, sous d'autres formes, traverse l'écoute qui est la mienne. Qui suis-je, moi, celui qui parle ? Qui suis-je pour moi-même, qui suis-je pour toi ? Que vois-tu de moi, que perçois-tu, que peux-tu me dire de moi ?... Il y a des moments où ces questions me sont adressées telles des suppliques. Comme avec Roland.

Lorsqu'il est arrivé à Fleury, son désespoir était tel que nous avons tous été inquiets. Roland ne disait rien, emmuré dans un silence, une souffrance impressionnants. Il ne sortait pas en promenade, n'adressait la parole à personne, restait allongé sur son lit à penser des heures durant. Personne ne parvenait à lui permettre de verbaliser quoi que ce soit. Cela dura deux longues semaines. Un jour, alors que sa femme avait enfin obtenu l'autorisation de le voir au parloir, il put sortir de son mutisme.

« Ce que j'ai fait est inqualifiable. Je ne pourrai jamais me le pardonner. Quel mal j'ai fait, quel mal, vous vous rendez compte ! J'avais tout et j'ai tout perdu, excepté ma femme. Mais tiendra-t-elle longtemps dans ces circonstances ? »

Roland a une cinquantaine d'années. Très grand, il marche voûté, comme s'il ne voulait encombrer personne de sa présence. Les yeux sont doux derrière les verres épais d'une paire de lunettes aux montants bricolés avec du sparadrap. Depuis qu'il s'est autorisé

6. W. Shakespeare, *Le roi Lear*, acte 1, scène 4.

à parler, les mots charrient des pans entiers de sa vie. Pans douloureux, si douloureux, même, que souvent sa voix se brise puis se refait dans le silence.

« Je ne me reconnais, plus, je ne sais plus qui je suis... je ne peux comprendre cet homme qui a... » Il s'arrête, brutalement figé.

« Oui... », ce oui est là juste pour que le son de ma voix lui redise que je l'écoute.

« Je vous en supplie, dites-moi quelque chose. Mais, pourquoi, pourquoi ?... »

Roland pleure. En silence, les larmes coulent, envahissant tout le visage, glissant dans les plis du cou. Il regarde au loin, là où les images font mal. Nous restons ainsi un long moment.

Doucement, je murmure : « Il y a des souffrances qui sont des tortures, parce que aucune lumière ne vient en éclairer le sens.

– Le sens ? Quel sens ? Je n'en vois pas, sinon mourir pour expier tout le mal que j'ai pu faire. » Il s'est levé. Ombre immense dans cette cellule tout à coup minuscule, il poursuit : « Tout ne peut être dit. Il y a des choses qui sont trop terribles. Ou peut-être me faut-il du temps. Merci, en tout cas, pour votre écoute. Cela me fait du bien de parler sans être jugé. Et puis je prie, je demande à Dieu de ne pas m'abandonner, de me donner la force de traverser tout cela. »

Un jour, sans qu'il en soit averti à l'avance, sa femme ne vient plus. Il finit par recevoir une lettre d'elle qui lui explique que les enfants ne veulent plus entendre parler de leur père et somment leur mère de prendre position. « Lui ou nous. » Le choix est cruel, pourtant elle le fait car leur dernier fils n'a que quatorze ans et a encore besoin de sa mère.

Pour Roland cette décision est impossible à vivre. En pleine nuit, alors qu'il fait sa ronde, un surveillant le retrouve plongé dans un coma profond. Il a tenté de se pendre. Grâce à cette intervention, il ne mourra pas mais il va errer de longs mois enserré dans une dépression qui absorbera toute son énergie.

« Quelqu'un ici me reconnaît-il... Qui peut me dire qui je suis ? »

Ma tristesse est grande de n'avoir pu l'aider davantage et tenter, ainsi, d'éviter un tel drame. Roland ! Je retrouve une lettre qu'il m'avait écrite alors que sa femme, par la régularité de ses visites, lui avait redonné un peu d'espérance.

« La prison, c'est le désespoir, le néant, l'abîme. J'en garderai pour toute ma vie une marque indélébile. Gris, tout est gris, plus d'espoir, mourir, disparaître, dormir, ne plus se réveiller. Misère morale !

La prison, ce sont des nuits de cauchemars où tout est chamboulé : le remords, le regret, le désespoir... les pourquoi qui restent sans réponse.

La prison ce sont ces murs tristes, désespérant de désespoir. Ce sont ces bruits de portes, de serrures qu'on ouvre, qu'on referme. Ce sont les cris de désespoir la nuit venue. C'est l'attente, l'incertitude, l'angoisse, les sursauts au moindre bruit qui accélèrent les battements de votre cœur. C'est le stress permanent.

C'est l'incompréhension des décideurs qui détruisent ce que d'autres construisent en se réfugiant derrière un règlement obsolète. C'est le courrier qui reste bloqué de longs jours chez le juge d'instruction : forme de torture morale... Elle ne laisse pas de traces apparentes, mais détruit quelque chose en nous.

La prison c'est la sélection naturelle des soi-disant amis qui vous abandonnent.

La prison, c'est aussi le sourire d'un surveillant, de ceux et celles que nous rencontrons durant la détention.

C'est l'amour de la fidèle et courageuse compagne. Amour oublié dans la vie de tous les jours et que ces circonstances douloureuses fait ressurgir.

C'est le lieu où une main tendue prend toute sa valeur. C'est le lieu où le besoin de connaître Dieu est si fort. Dieu compatissant. Grâce à lui, la prison m'est devenue supportable. »

Dieu. Je n'en n'ai que peu parlé jusqu'à présent. Il est là, pourtant, au cœur de toutes ces rencontres. Présence invisible qui tient dans le silence les interrogations, les doutes, les souffrances et les espoirs de ces hommes. Quel étrange silence, alors que ne cessent de retentir la clameur des voix et les cris de ces hommes. Un silence dont on ne sait pas toujours s'il est attente, espérance, surdité ou absence. Un silence qui met la foi à l'épreuve. « Mon Dieu entends ma plainte, exauce ma prière[7]. » La longue et triste silhouette de Roland fait comme une ombre tout à coup... Il me faut faire attention à ce qu'elle n'envahisse pas tout l'espace !

Après toutes ces années passées à Fleury-Mérogis, je réalise combien mon écoute s'est modifiée. L'écoutant ne sort pas indemne de l'écoute, jamais. Écouter pour moi, dans ce lieu-là, m'est à la fois une joie et une souffrance car ce qui se dit ne cesse de déplacer ce qui fondait jusque-là mon univers intérieur. Peut-être avais-je fini par penser qu'une certaine expérience de l'écoute m'avait donné une aisance et même un certain savoir sur l'humain. Quelle erreur, quelle vanité ! Je croyais savoir ! Mais savoir quoi ?

---

7. Psaume 60 (61).

Plus j'avance, plus je sais que je ne sais pas.

Aujourd'hui, cela ne me trouble pas, au contraire.

Écouter c'est me tenir là, présente à l'autre en lui ouvrant un espace dans lequel il va pouvoir risquer une parole. Écouter c'est dire qu'il y a quelqu'un.

« Écouter, c'est être là, l'oreille ouverte, et laisser dire ce qui se dit[8]. »

Cette écoute-là est tout accueil, sans jugement. « Elle l'est primordialement. Elle le demeure. Elle y aboutit. Elle est sans jugement sur l'autre, de quelque sorte que ce soit : moral, médical, culturel, politique, religieux, etc. Oreille nue ! Rien ne précède l'écoute pure. Elle est sans catégories, sans classement, sans hiérarchie, sans comparaison – que ce soit à des normes, à des modèles, à tel autre. Écouter n'est pas accuser, certes : l'écoute met justement hors du procès... mais le non-jugement n'est pas "en faveur" de l'autre, par opposition à ce qui "condamne" ou "interdit". Il est hors de ce jeu-là. Il peut aller jusqu'à ne rien savoir de celui ou celle qu'il écoute[9]. »

Sans jugement sur l'autre, c'est-à-dire sans regard qui pèse et soupèse, qui évalue et sanctionne, sans curiosité. Ceci fonde quelque chose d'unique entre deux êtres en permettant que la parole soit la plus libre possible.

« L'écoute pure peut entendre ce qui, pour celui qu'elle écoute, est en lui-même inaudible. En son silence, elle dit que cela aussi peut être entendu[10] » parce que sans écoute ce qui ne peut être dit ne le sera jamais. Les murs d'une prison, je l'ai dit et le redis, ne

---

8. Maurice Bellet, *L'écoute*, Paris, Desclée de Brouwer, 1989, p. 19.
9. *Ibid.*, p. 24.
10. *Ibid.*, p. 25.

sont pas seulement ceux qui définissent le périmètre de la cellule ou de la cour de promenade, mais bien ceux que l'histoire de notre vie a édifiés en nous. Ce sont les plus tenaces, parce que les moins visibles, les moins explorés. Ils entravent sans se dévoiler. Il faut du temps, de l'énergie pour les nommer et les faire tomber.

En prison, encore plus qu'ailleurs, l'envie d'être écouté peut être pour certains une véritable nécessité. Bien sûr, il y a ceux qui ne demanderont rien car leur culture de la parole ne les y a pas accoutumés ou parce qu'ils se méfient des confidences possibles, mais pour beaucoup d'autres l'angoisse, le sentiment de honte, la trop lourde sanction, la souffrance de l'enfermement, le sentiment d'échec... ouvrent à une parole devenue essentielle, vitale.

Il se peut que subsiste une façade, visage offert aux autres afin d'immobiliser une possible dangereuse intrusion. La réalité de ce qui est vécu, ressenti, celle du pourquoi de l'incarcération, les pages de l'histoire personnelle, toute cette réalité-là, qui peut l'entendre ? Il ne faut pas que la parole soit plus dangereuse que le silence. Il est nécessaire qu'existe une relation de confiance et la certitude de pouvoir dire sans être jugé, sans profit d'aucune sorte. La honte, le regard négatif sur soi-même supposent pour être dits que celui qui écoute ne vous y enfonce pas davantage.

Écouter même le silence qui parle d'une autre façon.

Le silence est parole, en livres à ouvrir
Le silence est poème en rimes immobiles
Le silence est offrande à celui qu'on écoute
(Paul)

Célébrer un dimanche matin

Huit heures vingt-cinq sur le parking de Fleury, dimanche matin. Il fait encore nuit. Un froid très vif s'infiltre dans nos vêtements. Chacun des cinq bâtiments du grand quartier[11] attend les bénévoles qui viennent régulièrement aider les aumôniers à animer les célébrations dominicales. Nous attendons d'être tous là pour entrer. Un vent glacial s'est levé et nous frottons nos mains, sautillant d'un pied sur l'autre pour nous réchauffer. Après quelques commentaires d'usage sur le temps, nous échangeons des nouvelles de tel ou tel détenu.

Neuf heures dans la chapelle[12], nous avons installé l'autel, mis les fleurs. Sylvie et Diane répètent le chant d'entrée, alors que Stéphane cherche sur sa guitare les accords correspondants. Déjà les premiers fidèles arrivent. Thierry, le prêtre nouvellement arrivé dans l'équipe d'aumônerie, les accueille avec moi. Ce matin, nous serons une quarantaine.

Nous écoutons le premier récit de la création. Thierry laisse un temps pour que surgissent d'éventuelles questions. Didier s'étonne : « Pourquoi est-ce que Dieu a mis si longtemps pour faire le monde, c'est Dieu tout de même, il n'avait pas besoin de temps. » Et Jacques de lui répondre, du tac au tac : « Tu ne voulais tout de même pas qu'il nous bâcle !

– Ah, parce que toi, tu trouves pas que t'es raté ? »

---

11. C'est le nom donné, à Fleury-Mérogis, au quartier des hommes qui constituent l'immense majorité de la population pénale. En France les prisons comptent 96 % d'hommes (chiffres au 1er juillet 2000).

12. Chaque bâtiment est équipé d'une salle polyvalente pouvant accueillir une centaine de personnes. Cette salle est le plus souvent utilisée comme chapelle.

Alphonse, un solide Congolais toujours prêt à prendre la parole, intervient : « Raté ? C'est nous qui ratons, pas Dieu. Tes conneries c'est toi qui les as faites, c'est pas Dieu. Faut pas exagérer !

– Oui, mais pourtant moi j'ai pas choisi d'être qui je suis. »

Un léger temps de silence et Didier poursuit, plus grave : « D'abord, j'ai pas choisi de vivre. »

Un silence épais envahit la chapelle. Ce qui se dit là semble en concerner beaucoup.

Au moment de la prière universelle, des intentions jaillissent de l'assemblée :

« Priez pour moi pour que j'arrête de tromper mes amis. »

« Seigneur donne-moi ton Saint-Esprit afin de devenir ton enfant, ouvre mon intelligence au nom de Jésus. »

« Seigneur faites que ce temps perdu ici à réfléchir se passe pour le mieux... Faites savoir à ma mère que ce n'est pas de sa faute si je suis ici. »

Ce qui se dit là jaillit des profondeurs de l'être. Quelque chose se donne à entendre et à voir du mystère personnel et communautaire de l'alliance entre Dieu et les hommes. Un Dieu qui espère l'homme, inlassablement.

Après la messe, comme toujours, ceux venus de l'extérieur se mêlent au groupe des détenus pour un temps d'échange. Parle qui veut avec qui veut. Les contraintes de la prison sont un peu oubliées, l'espace de la chapelle est, pendant quelques heures, devenu un espace de liberté. Dans la semaine, le travail de l'aumônier est parfois tellement solitaire que ces moments en équipe est un indéniable soutien.

Plus tard, quand nous quittons le bâtiment, ceux qui sont venus aider au déroulement de la célébration me disent : « Tu es un peu comme leur grande sœur, non ? »

Leur sœur ? Je repense à ce qui s'est passé dans la cellule de Rachid. Oui, leur sœur.

Ces hommes emprisonnés sont donc mes frères !

Vertiges. Mes frères ? Cela me fait, subitement, une bien étrange famille.

Fraternité ?

Oui, de l'humain qui souffre a rencontré de l'humain qui souffre. De l'humain qui cherche a rencontré de l'humain qui cherche.

Étonnements.

Ne pas désespérer

« Je ne sais pas ce que je suis, je ne suis pas ce que je sais. »

Angelus Silesius

Je rentre de quinze jours de vacances. Comme chaque fois, une certaine émotion m'étreint alors que je franchis les murs de la prison. Est-ce le souvenir encore palpable des couleurs du printemps dans le sud de la France, tout me semble plus gris qu'à l'ordinaire. Je suis à la fois heureuse et anxieuse de retrouver ces lieux. Vais-je revoir tout le monde ? Le va-et-vient de la population carcérale en maison d'arrêt est une réelle difficulté. En effet, d'une heure à l'autre, n'importe qui peut être transféré dans un autre établissement pénitencier ou sur un autre bâtiment de Fleury. Il suffit d'un problème disciplinaire ou d'une décision du juge... et voilà que le paquetage est fait et le déménagement effectif. On quitte souvent les gens aussi brutalement qu'on les a vus arriver ! Qu'en est-il alors de l'attention portée au travail d'accompagnement des personnes incarcérées ? Et du rôle clé de l'administration pénitentiaire pour la réinsertion des détenus ?

En parvenant sur le bâtiment, j'apprends tout de suite que Jean-Patrick a été libéré. J'en suis heureuse pour lui, bien sûr, mais ne peux éviter un léger pincement au cœur ! Nous nous connaissions bien, il va me manquer. Comment va-t-il retrouver le monde de dehors ? Est-il prêt à affronter sa vie, aujourd'hui ?

Dans l'aile administrative, je passe de bureau en bureau. « Alors ces vacances ? » Il y a de la bonne humeur. Cela fait du bien.

Dans ma boîte aux lettres une pile de mots divers et variés qui tous réclament une réponse urgente. Cela va être difficile de ne pas être engloutie ! Je ne pourrai les voir tous, alors je vais tenter de prendre mon temps...

Plus tard, dans cette même journée, alors que je remonte à mon bureau, des bruits de porte qu'on explose à coups de chaise, puis des cris, une cavalcade dans les escaliers, me figent sur place. Tous les surveillants disponibles se précipitent tandis qu'avec d'autres je suis confinée derrière la grille du rez-de-chaussée. Il n'y a plus qu'à attendre la fin de l'intervention. Les cris s'amplifient au fur et à mesure que descendent tant bien que mal quelques surveillants tenant par les pieds et les mains un homme très agité qui hurle : « Lâchez-moi, mais enfin lâchez-moi. » Les cris de cet homme emplissent maintenant tout l'espace. Cris déchirants. Cris de bête traquée. C'est Kabiane. Un frisson me parcourt, il va mal depuis si longtemps. Que s'est-il passé ? Les cris continuent, Kabiane se débat, il supplie : « Je ne suis pas un chien, je vous en supplie lâchez-moi. » Un coup de pied part alors qu'il est à terre. Il crie, invectivant les surveillants, puis il est tant bien que mal remis debout et emmené dans une cellule vide un peu plus loin. Quelques minutes plus tard, menotté, il est envoyé au quartier disciplinaire. Nos regards se croisent, il est blême.

J'ai observé tout cela sans intervenir alors qu'en moi grondait la révolte. Pourquoi n'ai-je rien dit ? Mon silence me rend complice de la violence faite à cet homme. En me taisant je participe moi aussi à la lâcheté de l'humanité.

Mais que faire devant de telles situations ? Certes, je ne suis pas chargée de la surveillance et de la discipline du bâtiment mais n'ai-je pas, comme tout un chacun, le droit et le devoir de dire quand la dignité de tous est mise à mal : la dignité de celui qui frappe comme de celui qui est frappé ?

Se peut-il qu'il n'y ait alors que le moyen de la force pour remettre de l'ordre dans une détention à l'équilibre si précaire ? Bien sûr, beaucoup de violence rend le quotidien difficile : injures, cris, poings frappés sur les portes des cellules, racket, bagarres... Le climat est souvent si tendu, qu'à tout moment est palpable le risque que quelqu'un perde ses moyens. Le travail du surveillant est dur, ingrat, et en dépit de cela au quotidien il sait le plus souvent se montrer attentif, écoutant. Et puis les dérapages existent... comme chez la plupart d'entre nous !

Matthieu

> *« Il y a tellement de violence en moi. D'où peut-elle bien venir ? »*

Matthieu m'attend, nous avons rendez-vous. Incarcéré depuis trois ans déjà, il sort d'une sorte de *torpeur*, ainsi qu'il me l'avoue tout de suite. Il ne faut pas perdre de temps, il a beaucoup de choses à me dire. Les mots se bousculent :

« Oui, je suis bien celui qui a fait cela. Je le reconnais. Pourtant, vous savez, j'étais sincère durant toutes ces années, je croyais qu'on avait monté un complot autour de moi pour me perdre. Jamais je n'aurais cru que j'étais coupable. Vous vous souvenez, je criais mon innocence, je ne voulais pas voir la vérité en face. » Il répète, un peu ébranlé par ce qu'il vient de dire : « Je ne voulais pas voir la vérité en face. »

Je le regarde tandis qu'il me parle. Deux taches rouges éclairent ses pommettes grises, ses yeux brillent, il poursuit :

« Je crois que je ne pouvais pas admettre avoir fait cela, c'est trop atroce. C'est tellement terrible de se découvrir un jour comme cet homme qui a violé et cette vérité-là, je ne pouvais pas la regarder. Ce que j'ai fait, c'est pour moi le crime le plus atroce. Abîmer son propre enfant ! Vous croyez qu'elle s'en remettra ? Je voudrais tellement qu'elle s'en sorte. »

Sa voix, son regard ne sont plus ceux que je croyais connaître. Une certaine émotion m'envahit devant cet homme condamné à de nombreuses années de prison et qui, depuis le début, ne cesse de nier toute responsabilité dans les faits qui lui sont reprochés. Que se passe-t-il ? Pourquoi, aujourd'hui, reconnaît-il en être l'auteur ?

Le regard de Matthieu se pose sur la photo d'une petite fille aux boucles brunes maladroitement assise sur une bicyclette bleue à l'évidence trop grande pour elle. « Claire avait à peu près cet âge-là, quand cela a commencé... quand j'ai commencé. » Collée au-dessus de son lit, la photo envahit tout à coup l'espace. Je regarde cette enfant, il me semble qu'elle va se mettre à pédaler en éclatant de rire et nous dire que tout ceci n'est pas vrai.

Matthieu poursuit : « J'ai mis du temps, mais maintenant je comprends la peine de prison que je dois faire. Il faut que je paye ma dette. Oui, c'est normal. Je paye, mais est-ce que cela sera suffisant ? Sûrement, je reste dangereux. Un homme qui a fait cela sans s'en rendre compte, en niant même l'avoir fait, c'est forcément un type dangereux. Il faut que je me soigne. Mais... » Il hésite, reprend son souffle :

« Est-ce que je vais pouvoir guérir ? Je sens tellement de violence en moi. » Il se tourne vers moi, son regard plongeant dans le mien. C'est à moi qu'il pose la question. Nous nous taisons, entraînant avec nous dans le silence ce que cette question éveille en chacun.

Guérir ?

Qui suis-je, moi, pour répondre à une telle question ? Pourtant toutes ces années d'écoute ont forgé en moi des raisons d'espérer et cette vérité que Matthieu fait surgir là, entre nous, est pleine de promesse. Guérir ?

Me revient, alors, cette question posée par Jésus à un homme infirme depuis trente-huit ans : « Veux-tu être guéri[13] ? » Le fait que l'homme ne réponde pas directement, qu'il ne dise ni oui ni non m'a toujours interpellée. En fait, il donne la raison pour laquelle il pense n'avoir pu l'être jusque-là :

« Je n'ai personne pour me jeter dans la piscine au bouillonnement de l'eau. Le temps d'y arriver, et un autre est descendu avant moi. » C'est à partir de cette réponse que Jésus lui répond : « Réveille-toi, prends ton grabat et marche » (v. 8). Tout de suite après cette

---

13. Évangile de Jean 5,6 et suivants (traduction d'André Chouraqui, Paris, Desclée de Brouwer, 2001).

injonction Matthieu nous dit : « A l'instant l'homme est guéri » (v. 9).

Qu'est-ce que cette guérison ? Pourquoi doit-il emporter son grabat avec lui ? Il n'en a plus besoin, puisqu'il marche. Oui, voilà que cet homme peut maintenant, après toutes ces années, se tenir debout, se déplacer seul, enfin libre de la dépendance totale à un autre. Et pourtant, il ne doit pas se dessaisir de ce qui, durant trente-huit ans, a été l'incontournable compagne de sa maladie : sa litière. L'empreinte de son infirmité.

Une guérison qui n'efface pas la trace de la souffrance. Peut-être aussi, le rappel que d'autres blessures sont encore à venir, qu'une certaine vulnérabilité ne l'a pas quitté pour autant. Guéri, il l'est dans la mesure où son corps est remis debout, libre de toute ankylose. Mais l'ankylose du corps n'est pas celle de l'esprit et Jésus lui dit, avant tout : Réveille-toi ! C'est-à-dire, sors de ta torpeur, de ton sommeil pour entrer dans la réalité de ta vie. Debout et éveillé.

« Ma sœur ? » Matthieu me regarde en souriant.

« Je pense que dire la vérité c'est retrouver ma dignité. Je crois que je vais commencer à m'aimer un peu. Pourtant je ne devrais pas puisque je viens de vous dire à quel point je découvre que je suis un salaud. Quand je vous demande si je peux guérir, je crois que je veux savoir si je ne recommencerai plus. Plus jamais, jamais je ne veux refaire du mal.

– Votre dignité, oui, vous la retrouvez, parce que le visage souffrant de la victime vous est devenu intolérable. Alors, vous pouvez, aussi, vous regarder vous-même. »

Matthieu me contemple, les sourcils levés. Dans un premier temps, il semble ne pas comprendre, puis son visage s'éclaire :

« Vous voulez dire que c'est parce que je trouve intolérable de penser à la souffrance de ma fille que je n'ai plus peur d'elle, ni de moi ? C'est incroyable, cela, non ? Tant que je n'avais pas peur, c'est que je ne me rendais compte de rien ? »

Matthieu reste encore une fois en silence.

« Je ne savais pas que je faisais du mal. Il faut me croire. Maintenant, je vais pouvoir lui demander pardon. Je ne savais pas, il faut me croire. »

Le croire ? En cet instant, oui, je le crois. De toutes mes forces, de tout mon être, je le crois. Ce temps, passé ensemble, est de ceux dont l'authenticité est assez unique, manifeste. Dans ces moments-là je sens frémir en moi la passion de l'humain.

Merci Matthieu.

Le soir même je dîne avec quelques amis. Je relate discrètement quelques éléments de ma rencontre avec Matthieu. La discussion s'engage avec vivacité.

« Tu le crois, toi, quand il te dit qu'il a compris et qu'il ne veut plus faire de mal ? Moi, je ne le crois pas. Ces gens-là sont des malades. Il faut les soigner pour que cela n'empire pas, mais on ne peut pas vraiment les guérir.

– Oui, je suis d'accord, renchérit une voix de l'autre côté de la table.

– Ce sont des malades. Ils sont dangereux. On ne peut tout de même pas faire n'importe quoi. » Et suit l'argument classique, destiné à devancer d'éventuels arguments : « On voit bien que tu n'as pas d'enfants ! Si tu en avais, tu ne réagirais pas de cette façon. »

Que l'angoisse des parents trouve ainsi à se dire face à un danger qu'on préfère ne pas imaginer, je le comprends fort bien. Mais que le fait d'être père ou mère de famille autorise, mieux que quiconque, à énoncer un verdict de ce genre, voilà qui me semble un peu court. L'humain, quel qu'il soit, échappe à nos tentatives réductrices ou inflationnistes. Ce que chacun est dans l'intime de sa conscience, ne relève d'aucune science, d'aucun savoir préétabli. Que ce soit pour un bien, ou non, l'humain surgit de là où on l'attend le moins. Il y a en lui une infinité de possibles. Bons et mauvais. Ce soir-là, j'ai beaucoup de difficultés à faire entendre ma voix.

Alors, comment leur dire qu'en prison encore plus qu'ailleurs, un délinquant sexuel, s'il est découvert, est soumis de la part des autres détenus à une pression psychologique et physique destinée à lui rendre la vie impossible ? Comment leur parler de l'angoisse de Matthieu d'être découvert, brutalisé, invectivé ?

Dans les faits, le *pointeur*, comme on l'appelle en prison, est condamné au silence sur les raisons de sa détention. Ce silence terrible, quelquefois insupportable, oblige le détenu à cacher la vérité de sa situation en inventant une version officielle plus *carcéralement correcte.*

Je m'interroge sur les dangers de ce silence forcé et sur la nécessité d'une version officielle des faits, alors même qu'il est déjà très difficile de mettre en mots, de reconnaître, de faire émerger la vérité d'une histoire.

« Vous vous faites avoir, ma sœur ! » Un jour, je bavarde tranquillement avec Sylvain, le surveillant d'un des couloirs de la détention. Dehors, le temps est froid. Presque tous sont restés en cellule. L'après-midi est calme. Nous avons le temps.

Sylvain trouve que beaucoup de détenus n'ont aucune reconnaissance envers ce que je fais pour eux.

Je lui réponds qu'il a peut-être raison, mais que sans le risque de se tromper il n'y aurait pas celui de tomber juste. Sylvain grommelle quelque chose et enchaîne avec la question qu'il doit avoir en lui depuis longtemps :

« Comment pouvez-vous vous occuper des violeurs ? Tout de même, ces gens-là ne sont pas normaux, vous ne croyez pas ? Je pense à mes enfants, j'ai deux filles de six ans, des jumelles. Si un salaud les touche, je le tue. C'est trop grave. »

Moi aussi, je trouve cela horrible et le lui dis. J'ajoute que parmi ceux qui les commettent, certains hommes prennent conscience de la gravité extrême de ce qu'ils ont fait et veulent prendre les moyens de ne plus recommencer.

« Je veux les y encourager. » Sylvain me regarde, perplexe. Les délinquants sexuels, les pointeurs comme on les appelle, sont les parias de la prison. Notre conversation est interrompue par un détenu qui a reconnu le son de ma voix et m'appelle depuis sa cellule.

Je quitte Sylvain, nous continuerons notre échange une autre fois.

Drango

C'est Drango qui m'a appelée. Sa démarche chaloupée de caïd de banlieue, son éternelle casquette vissée sur un crâne rasé, ses survêtements de marque et ses nombreuses paires de baskets font de Drango un personnage haut en couleur. Insolent, bagarreur, charmeur, la plupart, ici, s'en méfient. A dix-neuf ans, il en est déjà à sa sixième incarcération et semble vivre celle-ci avec bonhomie. « Je m'en fous moi de leur prison à la con ! Dans trois mois je suis dehors... »

En entrant dans sa cellule, cette fois-là, je suis quelque peu saisie par le décor des murs : seuls quelques centimètres carrés échappent à l'exposition de photos pornos. Difficile d'échapper à toute cette évocation de corps nus et entremêlés !

Drango ressent vite mon étonnement et me dit, l'air gêné : « Il ne faut pas regarder, ce n'est pas beau. »

Pas beau ? J'ai bien l'intention de ne pas laisser passer ce commentaire.

« Voilà qui est étonnant ! Si ce n'est pas beau, alors pourquoi as-tu mis cela au mur ? » et, me tournant délibérément vers le mur le plus chargé, je fixe une des photos. J'ai un peu de mal à comprendre ce qu'elle représente : il y a beaucoup de personnages dans des positions assez... sportives, dirions-nous.

Drango est de plus en plus mal à l'aise et son codétenu, un jeune Antillais mollement affalé sur son lit, vient en renfort.

« Ce n'est pas pour vous ma sœur, mais nous, vous comprenez... On est des hommes... Les femmes nous manquent... On ne veut pas oublier... »

Pas oublier ! Trop mignons ces petits.

« Pourquoi as-tu dit que ce n'est pas beau ? » J'insiste.

Ils se regardent, un peu ahuris de la tournure de la conversation. Ils hésitent.

« Ben, j'sais pas trop... Ça me gêne de vous dire cela. » Drango se dandine d'un pied sur l'autre.

« C'est pas grave, c'est juste des trucs du sexe où les gens sont payés pour faire cela. Il n'y a pas d'amour, c'est que de la bai...

– Les femmes qui sont sur ces photos : qu'est-ce quelles représentent pour vous ?

– Ce sont des putes. Des femmes qui font cela sont des putes. » Son copain opine de la tête.

« Je suppose que vous n'aimeriez pas que votre fiancée fasse ce genre de photos ? »

Ils se récrient : « Ah, non, nos fiancées ne sont pas des putes. Nous on respecte les femmes !

– Tapisser les murs de votre cellule de femmes qui exposent leur corps de cette façon, c'est les respecter ? » Ils baissent les yeux et glissent dans un murmure : « C'est pas des femmes, c'est des putes.

– Et les hommes qui sont sur ces photos, qui sont-ils pour vous ? »

De plus en plus mal à l'aise, ils bafouillent à tour de rôle : « Nous, jamais on parle de cela avec des adultes... on sait pas bien... »

Durant près d'une heure nous avons un échange que je ne suis pas près d'oublier. Nous parlons ensemble du respect du corps de l'autre et du sien, de l'amour, de la tendresse.

Être là, avec ces deux jeunes gens, devant une collection de photos pornos, a quelque chose de vraiment insolite. Je souris intérieurement.

Quand je les quitte, ils promettent de retirer les photos.

Je les revois quelques jours plus tard, les photos sont toujours là. Drango rit en me voyant, gêné et provocateur. Il a fumé autre chose que du tabac. Désormais, il m'évite.

La vie doit rester très légère...

Un sens à tout cela ?

Il est long et difficile de comprendre ! Pour tant de jeunes multirécidivistes, la prison apparaît comme une parenthèse, une péripétie, presque une fierté. En l'état actuel, elle n'est que très rarement porteuse de sens. Il faudra bien que l'on ait un jour la volonté de réfléchir autrement qu'en simples termes de répression et de sanction. Car, même si ces exigences sont importantes, elles n'auront de valeur éducative que suivies d'un véritable accompagnement lors de l'incarcération. C'est moins une question de moyens que de volonté.

Karim

Ce jour-là un surveillant me signale que Karim a demandé à me voir.

« Il paraît qu'il vous a écrit, mais que vous ne lui avez pas répondu. »

La barbe finement taillée autour de la bouche, le jogging blanc où s'imprime discrètement la marque de luxe du fabricant, la casquette vissée sur un crâne ras, Karim est un solide gaillard tout en muscles qui prend grand soin de son aspect physique. Il m'a adressé une lettre dans laquelle il réclame ma visite de façon très urgente. Il est agité et ne cesse de me regarder, l'œil soupçonneux.

« Cela fait longtemps que je vous ai écrit ! Comment ça se fait que vous m'avez pas répondu ? J'vais pas bien du tout, moi.

– Longtemps que vous m'avez écrit ? Excusez-moi, mais je me suis absentée quelques jours et je sais que je suis en retard dans les réponses. »

Karim est un étonnant mélange de paraître qui se veut sans faille et d'agitation permanente, signe d'une angoisse impressionnante et menaçante.

« En vrai, j'vais très mal. J'ai plus rien, tout cela c'est de la frime. » Il me montre ses baskets, son jogging et fait mine de cracher au loin. « En vrai, j'ai plus envie de cette vie. Qu'est-ce que j'en ai à foutre moi de tout cela ? Vous croyez que c'est une vie celle que j'ai eue ? C'est pas une vie, moi je vous le dis. Sur la vie de ma mère, je vous le dis. »

Il enlève sa casquette et se penche pour exposer son crâne tout balafré. « Vous avez vu, c'est mon père quand il me tapait dessus avec le bout de ses chaussures pointues style cow-boy. Vous croyez que c'est une vie cela ? Non, ce n'est pas une vie. » Il a les yeux brillants.

Que croire ? Karim raconte tellement de choses diverses et variées sur sa vie, ses parents, ses amis... Un jour il a été prostitué au bois de Boulogne, un autre, il a travaillé comme pâtissier dans le sud de la France. Il a deux enfants, puis trois, enfin il ne sait plus. Il a connu son père, ne l'a jamais connu. Sa mère est mourante, puis ne l'a jamais été...

Très difficile de l'écouter sans avoir en permanence le sentiment que rien de vrai ne se dit, qu'il ne cesse de promener ses interlocuteurs d'histoires extravagantes en contes bariolés.

Je le regarde. Il poursuit comme s'il avait lu dans mes pensées : « Avant je vous ai menti. » Il sourit, charmeur. « Maintenant, il faut me croire, sur la vie de ma mère, c'est vrai ce que je vous dis. »

Ce mélange permanent de vrai et de faux n'est peut-être que l'incontournable reflet de sa vie durant laquelle il n'y a jamais eu la possibilité de savoir :

jamais de vérité, jamais de certitudes. Seulement du flou et des paroles qui ne parlent pas. Que faire pour Karim, comment l'aider ? Sa détresse est réelle. Sa violence, aussi. Tout le monde le sait, ce garçon est dangereux pour lui-même et pour les autres. Avec lui, tout semble inopérant.

Ne pas désespérer ! Oui, mais comment faire pour qu'il ne ressorte pas de prison pire qu'il n'y est entré ?

Raoul

Raoul est arrivé voici quelques mois d'une autre maison d'arrêt. Il vient d'être jugé et condamné à deux ans de prison.

C'est sa quatrième condamnation.

Cette peine lui semble insurmontable. A quarante-quatre ans il ne se sent plus la force de se remettre à vivre dehors. Toute sa famille l'a laissé tomber, ses enfants lui tournent le dos. Il est fatigué de vivre, fatigué de cette vie de galères successives, fatigué d'être lui.

Il ne sort presque plus de sa cellule et, à longueur de journée, fume en rêvassant.

Alors que je viens lui rendre visite, je ne le trouve plus dans sa cellule.

« Il vient de partir au mitard[14], m'informe un surveillant.

– Qu'a-t-il donc fait ? » Je m'étonne.

« Il a injurié une surveillante ce matin. C'était violent. »

Le lendemain, alors que je lui rends visite au mitard, il me contemple ahuri : « Vous êtes venue,

14. Quartier disciplinaire.

vous avez le droit ?... Vous êtes venue me voir, pourquoi, je n'en vaux pas la peine.

– Je ne partage pas cet avis. » Devant le regard perdu de cet homme, une douce tendresse s'empare de moi.

Il me regarde soudain avec intensité.

Une semaine plus tard je reçois de lui ces quelques lignes : « Je voudrais que vous parliez de moi à Dieu. Je n'ose pas le faire directement. Lisez-lui ma lettre :

"J'ai toujours vécu avec l'amour de ceux qui m'entouraient. Je ne vivais que par eux, que pour eux. Aujourd'hui, je suis abandonné, exclu, je ne peux plus exprimer mon amour à ceux que j'aime et de qui j'attends, en retour, le même amour. Je n'ai plus de raisons de vivre car les êtres qui peuvent me donner la force de vivre sont loin de moi. Ils sont absents, ils m'ont tourné le dos.

Pourtant je vis. Je supporte une souffrance comme jamais je ne l'aurais imaginée. J'ai peur de moi, de mon désespoir. J'ai peur d'être lâche. J'ai besoin d'espoir pour supporter cet enfer. Pardon de te dire, mon Dieu, que je crois en toi seulement parce que je suis désespéré. Pardon de te demander de me sortir de cet enfer." »

Qu'est devenu Raoul ? Que sont-ils devenus tous ceux qui ressortent après d'aussi intenses moments de désespoir, alors que dehors rien ni personne ne les attend ?

Ont-ils jamais eu quelqu'un pour leur dire qu'ils sont attendus ?

« Je suis venu annoncer aux captifs qu'ils sont libres », dit Jésus aux hommes incrédules qui l'écoutent (Luc 4,18). Comment croire qu'on a besoin d'être libéré si l'on ne se sait pas entravé ? Comment une telle annonce peut-elle être entendue en prison ?

Je me souviens, alors que j'arrivais dans cet univers pour moi inconnu, combien je fus saisie par ce qui est et demeure la donnée constitutive de ce lieu : nous sommes dans une prison et ceux que je viens y rencontrer sont incarcérés, c'est-à-dire privés de la liberté d'aller et venir à leur guise.

En effet, dans ce lieu, la question de la liberté est posée tous les jours. Elle est d'abord et légitimement assimilée à la libération de la fin de la peine. Quand je serai dehors, libre, enfin...

Être libre, c'est être libéré. Mais libre comment ? Libéré de quoi ?

De l'enfermement, de la contrainte spatiale et temporelle de la prison, de la nécessité de dépendre d'autres pour beaucoup d'actes quotidiens comme l'ouverture de sa cellule, le départ en promenade, la douche... Oui, certainement.

Mais suffit-il, pour être libre, de ne plus être emprisonné ? Suffit-il d'avoir quitté sa cellule de détenu et les murs de la prison pour qu'effectivement on puisse dire *je suis libre* ?

Oui.

Mais tout aussi sûrement, non. Nous l'avons déjà dit, si celui qui sort emmène avec lui tout ce qui l'entrave, ce qui le fait trébucher, ce qui le piège, comment prétendre qu'il est libéré ?

Qu'est-ce qu'un homme libre ? Être libéré, je le répète, n'est pas seulement sortir des murs de la prison, mais avoir compris pourquoi on y était entré. Une personne détenue peut-elle entendre, admettre que l'incarcération n'est pas uniquement une entrave à sa liberté, mais une balise possible, un jour, sur son chemin ? C'est-à-dire un moment pour partir à la découverte de soi-même et de ce qui a amené l'incarcération. Un certain nombre décident un jour de s'y engager. Il est essentiel de les y soutenir. Sans ce travail, pour chacun différent, de la recherche du sens de la peine qu'il se voit infliger, rien ne changera. La société aura puni, l'administration pénitentiaire aura veillé pour que soit exécutée la peine... et alors ? Qu'est-ce qui aura changé ?

Ne nous trompons pas, ce qui se passe à l'intérieur des murs d'une prison est le reflet de ce qui se vit audehors. L'humanité est la même dehors et dedans. Comment se fait-il que nous n'en prenions pas davantage conscience ? La prison doit être le lieu où une construction, une reconstruction de soi est accompagnée, encouragée, soutenue afin de permettre l'émergence d'un sens à l'incarcération et la prise en charge de la sortie. Mais le veut-on ?

Où en sont notre regard et notre réflexion sur ce qu'est une peine de prison ? La volonté de punir le coupable, de protéger la société et de venger la victime ne peut seul donner sens à l'incarcération. Il faut penser toute incarcération à partir de la sortie et non de l'entrée, à partir de la réhabilitation et non de la seule sanction.

« Actuellement, la mise en liberté est la conséquence lointaine d'un jugement énoncé une fois pour toutes, en termes de tarification. Elle devrait être au contraire la prise en compte d'un travail réel et reconnu[15]. »

Fragile liberté !

---

15. Alain Cugno, *Projet*, *op. cit.*, p. 60.

Entrer dans la confiance

Le remords de Simon

> *« Il n'y a pas de pardon possible pour cet homme. Ce qu'il a fait est trop horrible. »*
>
> Un détenu parlant de Simon

Pour Simon, la question du regard de Dieu vient longtemps après nos premiers entretiens.

« Dieu peut-il me regarder encore ? Et ma femme, mon fils, est-ce qu'ils sont en paix ?... Me pardonner, Dieu ? Non, je ne veux pas de son pardon. Je dois payer, d'ailleurs je ne paierai jamais assez. »

Simon reste encore enfermé par cette nécessité d'avoir à régler une dette.

Je me risque à réagir : « Vous croyez que tout cela est de l'ordre du paiement ? » Nous hésitons ensemble. La frontière est étroite entre paiement et sanction... Pour Simon ce « je dois payer » désigne le surplus de peine qu'il veut s'infliger à lui-même, comme si la sanction infligée par la société n'était pas suffisante.

Sa peine de prison est pourtant lourde sur ses épaules fragilisées par un drame aussi épouvantable. Vingt ans ! Tant d'années à passer derrière des murs. Il le dit lui-même : « C'est trop long. Toute cette prison, cela sert à quoi ? Cela fait trop d'années ! J'ai peur qu'elles me démolissent... Qu'est-ce que toutes ces années encore vont pouvoir m'apprendre sur moi et sur mon geste ? Parce que, vous savez, le plus dur ce ne sont pas toutes ces années de prison, non, le plus dur c'est le remords ! Et le remords, il me suivra partout, que je sois ici ou dehors. Il est comme deux boulets attachés à chaque pied : à l'un le corps de ma femme, à l'autre celui de mon fils. Comment avancer avec un poids pareil qui vous paralyse ? »

Pour lui, le risque est grand de ressasser sans cesse le même film intérieur, de laisser s'installer la désespérance, de s'ériger en juge de sa propre vie.

Me reviennent ces paroles de Khalil Gibran : « Et comment punirez-vous ceux dont le remords est déjà plus grand que leurs méfaits ? Le remords n'est-il pas la justice rendue par cette même loi que vous voulez servir [16] ? »

Oui, j'en suis témoin, le remords de Simon est une souffrance inouïe, immense, insupportable, incontournable. Mais, j'ose le dire, ce remords est, aujourd'hui, un peu comme sa nouvelle identité. Il lui donne une certaine dignité, une raison d'exister. Je marche sur la pointe des pieds en écrivant cela, car parler de la souffrance de l'autre a quelque chose d'indécent et de téméraire. Toutefois, je crois que le remords de Simon est comme de l'humanité qui coule en lui, malgré l'horreur, malgré l'indicible. Une humanité qui dit cette part inaltérable de chacun d'entre nous. Part de pureté, d'innocence que les événements, même les plus tragiques, ne parviennent pas toujours à enfouir.

---

16. Khalil Gibran, *Le Prophète*, Paris, Albin Michel, 1996.

Le remords, même s'il noue le cœur et le corps de Simon parfois jusqu'à l'insupportable, est aussi ce qui, le plus sûrement, le maintient en vie.

« Dieu peut-il me pardonner ? » Pour Simon comme beaucoup d'autres cette question les hante.

Que répondre ?

Oui, ma foi me le dit, Dieu te pardonne ? C'est vrai je peux le lui dire, pourtant je ne le fais pas. J'attends. Ce n'est pas à moi de parler. La parole est en lui, pas en moi. Je le laisse poursuivre.

« Me pardonner, Dieu ? Non, je dois payer, c'est sa volonté. Ma souffrance, c'est ma punition. Dieu me punit. C'est comme cela... »

Dieu me punit... C'est Dieu qui l'a voulu... C'était écrit...

Est tenace l'idée que Dieu est le grand maître de nos destinées, qu'il a prévu à l'avance ce qui doit arriver à chacun de nous comme autant de pages où chaque mot nous correspond. Dieu planificateur d'une histoire qui se fait sans nous ! D'une vie qui pourtant passe à travers nous en s'inscrivant dans notre cœur et notre chair...

Simon ne veut pas du pardon de Dieu. Il veut souffrir et ainsi payer sa dette. Dieu veut qu'il paye le plus cher possible. Dette impossible ! Qu'est-ce que ce visage de Dieu ?

Au fil de nos rencontres, il a accepté de sortir du seul récit de l'événement et de ses conséquences pour ouvrir plus largement le livre de sa vie. Nous y avons lu, ensemble, les traces de sa propre genèse qu'il n'avait pu encore déchiffrer. L'impensable vient de loin, du fond des âges, transmis par une cohorte de générations qui ne savent ce qui les a elles-mêmes traversées. Il faut du temps, des circonstances particulières, en l'occurrence ici l'emprisonnement, pour que l'on cherche à comprendre.

Simon n'avait pu repérer seul que la violence extrême dans laquelle il avait baigné toute son enfance et son adolescence lui avait été transmise. Il n'avait pas les moyens de réaliser que sa violence était la même que celle de son père. *Il a fallu* qu'il tue pour prendre conscience de la réalité de son terreau familial. *Il a fallu* ce drame pour que s'arrête le temps et que Simon pose enfin la question de sa propre existence. *Il a fallu* tout cela pour qu'il ose, enfin, regarder en face sa propre violence.

Que de précautions il me faut prendre avec ce *il a fallu.* Il ne s'agit ni de nécessité, ni de fatalité, encore moins de simple relation de cause à effet. Mais bien de signifier les liens mystérieux que chacun de nous entretient avec son histoire. Ce qui nous précède nous revient puisque nous en sommes les héritiers, les légataires. L'histoire de notre vie est traversée par celles de ceux qui nous ont précédés. C'est-à-dire que notre liberté s'inscrit aussi dans du déjà écrit par d'autres. Elle n'est ni conditionnelle ni illimitée, mais elle est, pour partie, conditionnée, suggérée, inspirée par ce qui nous devance.

Il y a en moi du *moi* qui me précède.

Simon, au fil des rencontres, a reconnu trace après trace ce qui l'avait modelé, ce qui lui avait servi de modèle : un père alcoolique, violent, immensément violent. Une mère soumise, terrifiée et que les humiliations, les violences physiques, la maladie emportent. Sans oublier les cris, les injures, la terreur au quotidien pour tous les habitants de la maison. Enfin, dans sa propre vie, très vite, et suffisamment banalisé pour que personne ne lise cet héritage comme dangereux :

l'alcool. Quelques-uns lui disaient bien : « Tu bois comme ton père. » A cette remarque il répondait tranquille et sûr : « Je ne suis jamais ivre, ce n'est pas comme lui et puis, moi, je ne tape pas ma femme ! » Nier l'existence du poison qui ronge, c'est, du même coup, lui laisser le champ libre.

Pour Simon, comme pour tant d'autres, l'impensable vient de loin et combien de temps a été nécessaire pour le décrypter. C'est-à-dire pour le sortir de la crypte dans laquelle, pour vivre, Simon avait dû le maintenir enfermé. Un des murs auxquels il se heurtait était son impossibilité à reconnaître la souffrance que lui-même avait subie. Qu'il ait pu, dans sa vie, être victime, cela ne l'avait même pas effleuré. En revanche, qu'il ait commis le mal, qu'il soit coupable, cela ne faisait, pour lui, aucun doute.

Peu à peu, Simon se laissa faire par l'évocation de tout ce mal dont il avait été la victime si longtemps durant. Et il pleura. Non sur les crimes commis par lui, mais sur un petit garçon, un adolescent qu'il avait oubliés.

« A moi personne n'a jamais demandé pardon ! » Cette découverte le bouleversa.

« Je ne sais pas ce que c'est que le pardon, personne ne m'a jamais montré la route. Je ne sais pas où elle mène, mais peut-être... » Il hésita : « Peut-être que si on m'avait demandé pardon je n'en serais pas là, aujourd'hui ? »

Ils sont nombreux, en prison et ailleurs, auxquels nous réclamons qu'ils se repentent. Mais, à eux, qui leur a demandé pardon ? Beaucoup de ces hommes que je rencontre en prison ont été des enfants martyrs qui ont subi des viols, des sévices corporels et psychologiques épouvantables et n'ont jamais eu la possibilité de les dire à quelqu'un qui les reconnaisse dans leur douleur. Ils sont d'abord et avant tout des coupables. D'abord ? Non, pas d'abord des coupables, mais d'abord des victimes.

« Tout bourreau a été un jour victime[17]. »

A ce stade, je pressens les reproches qu'on peut me faire : n'est-ce pas une façon un peu facile de leur trouver des excuses que de dire cela ? Les excuser, et puis quoi encore !

Excuser n'est pas expliquer. Expliquer est une nécessité si l'on veut comprendre ce qui nous agit, ce qui nous déborde et qu'ainsi puisse être brisé le cercle mortifère de la répétition. Expliquer est la mise en parole de ce qui était jusque-là resté dans le silence. Pourquoi ai-je fait ce que j'ai fait ? Je veux comprendre ce que j'ai fait, même si ce que j'ai fait ne peut pas ne jamais avoir eu lieu.

« Il y a une seule chose que Dieu lui-même ne sait pas faire : faire que les choses faites n'aient jamais été faites[18]. »

L'enjeu de cette distinction est très important. Elle permet de rendre compte de ce qui en l'homme est une frontière ténue : un acte est commis, il n'est pas excusable, mais il peut être expliqué. Et l'expliquer permet à celui qui l'a commis de remonter la trace de ce qui l'a rendu possible et, peut-être, de ne jamais recommencer.

En retrouvant la mémoire de ce qui nous a blessé, nous découvrons aussi notre capacité à blesser à notre tour. Ceci est fondamental. Les torts subis qui ne sont

---

17. Alice Miller, *C'est pour ton bien*, Paris, Aubier-Montaigne, 1984.

18. V. Jankélévitch cité par Lytta Basset, *Le pouvoir de pardonner*, *op. cit.*, p. 251.

ni formulés, ni reconnus créent une impossibilité à reconnaître ceux que nous commettons.

Or, ne l'oublions jamais, un détenu n'est pas détenu pour toujours. Il est appelé à sortir des murs de la prison, comme de ceux de son histoire. L'incarcération, je le répète, doit être pensée à partir de la sortie de prison. Déjà.

« Nous a-t-on demandé pardon ? » demande Vladimir Jankélévitch. Ceux qui n'ont pas été eux-mêmes pardonnés des offenses subies ne pourront jamais demander pardon. C'est le cas de beaucoup de ces hommes détenus qui font partie de ceux dont la souffrance n'a jamais été parolisée ni défendue.

Comment à leur tour pourront-ils apprendre à pardonner ?

Pierre sans haine...

Alors que je recherche une lettre dans le tas de papiers qui s'accumulent sur mon bureau, me parviennent des bruits de voix de plus en plus violents. Un détenu insiste pour aller chez le coiffeur tandis que le surveillant lui signifie de réintégrer sa cellule, son tour n'étant pas cette semaine-là. Le détenu, un tout jeune homme, explique avec force gestes et mots imagés ce qu'il pense de l'administration pénitentiaire et de son personnel. Le surveillant demeure impassible mais ferme et lui réitère de rejoindre sa cellule. Le jeune homme, de plus en plus excité, le nargue d'un sourire moqueur. Plusieurs surveillants s'avancent alors tranquillement. L'épreuve de force n'est pas loin mais, à cette heure-là, il y a peu de monde dans les couloirs et le jeune homme manque de public. Sentant la situation lui échapper, il finit par obtempérer.

« Il y a des moments où on en a vraiment marre, des incidents comme cela, c'est tout le temps ! », me commente l'air épuisé le surveillant de mon étage.

Il est l'heure de notre rendez-vous, je descends voir Pierre. Il est assis à sa table, devant une tasse de café. Son visage creusé par la fatigue et l'angoisse est soudain transfiguré par un immense sourire. « Entrez, je vous ai préparé un thé. » Je m'assois tandis que d'une main tremblante il allume une cigarette. Nous nous regardons en silence. Que de temps parcouru ensemble depuis quatre années ! Combien de luttes, de combats, d'abattements, d'espoirs m'a-t-il partagés ! Je suis émue de le voir soudain si proche, si familier. Pierre vient de passer en appel. Le verdict a été bon.

« Vous avez vu, j'ai pris trois ans de moins. »

Dans cet allégement il perçoit une reconnaissance, une écoute de qui il est.

« J'ai été calme, je sentais que le procès n'était pas comme l'autre. Là, on m'a écouté. Je me suis senti respecté. De cela je suis content. Maintenant, je vais pouvoir me reposer un peu. Tout ceci m'a complètement vidé. »

Je bois mon thé en silence. Pierre s'est levé, il me tourne le dos. Sa silhouette est encore plus tassée, plus ramassée que d'habitude. Quand il se retourne, il a le visage inondé de larmes. « Oui, il faut que je me repose. Je suis si fatigué. Encore quelques années de prison et je vais sortir, mais après ? Aurai-je la force de vivre ? Pour qui, pour quoi ? »

Il ne parle plus de son innocence. Est-ce le signe d'une étape importante ?

Quelques jours plus tard, je le retrouve. Il est de nouveau assez agité. Son désir de vengeance est revenu. Toutefois, en l'écoutant, je le sens moins excessif, moins inflexible. Aujourd'hui, sa haine ne m'apparaît pas aussi terrifiante, définitive qu'à d'autres moments. Je me prends à espérer. Et si sa haine était la seule attitude qui lui ait permis jusqu'à présent de tenir debout, d'exister ? La haine comme une force vitale. Puis-je aller jusqu'à dire cela ?

Peut-être que cette haine n'est pas là pour toujours et que d'autres énergies, en lui, sont à l'œuvre déjà. Même modestement, même lentement. Pour cela, il lui faudra continuer de comprendre la genèse de cette haine. Ce jour-là, je le crois capable de faire ce travail.

Le soir, relisant ces quelques lignes de Lytta Basset, les visages de cette journée me reviennent avec force : « Ne pas savoir, fondamentalement, le mal que nous faisons, c'est du même coup ne jamais avoir accès, fondamentalement, à la connaissance du bien à faire[19]. »

Oui, je crois cela profondément et dans l'histoire de Pierre, comme dans tant de nos histoires, l'accès à cette reconnaissance, long travail d'enfantement, ne peut se faire qu'après l'identification du mal que nous avons nous-mêmes subi.

J'ai l'impression de labourer une terre trop immense pour moi.

« Tout bourreau a été un jour victime », avons-nous dit plus haut, citant Alice Miller. En insistant sur la corrélation entre ce qui a été subi et ce que l'on fait subir, cette formulation est proche d'une *compulsion*

---

19. Lytta Basset, *Guérir du malheur*, Paris, Albin Michel, 1999, p. 347.

de répétition : le tortionnaire est un ancien torturé. Nous faisons le mal en réaction à celui que nous avons eu à endurer. Mais une réaction le plus souvent inconsciente, comme si ce mouvement de répétition nous échappait. Je crois justes cette correspondance, cette interdépendance, mais, pour ma part, toute question touchant à la racine du mal m'est encore difficile à mettre en mots.

J'hésite à affirmer.

Paul Ricœur parle d'un *toujours déjà là du mal*[20]. Qu'est-ce que cela signifie ? Est-ce la trace d'un *transgénérationnel* perdu dans la nuit des temps ? Comme un mal qui précéderait notre humanité. Est-ce que cela éclaire ma route ? La question est abyssale !

« Ne sommes-nous pas tous faits de ce mystérieux mélange d'où tant de choses peuvent naître ? » (Claude). Le meilleur comme le pire.

Si je suis contre la peine de mort ce n'est pas seulement pour éviter telle ou telle erreur judiciaire fatale, mais aussi et peut-être surtout pour signifier l'espérance qu'il y a en chaque être humain, même en celui qui nous apparaît indigne. Il n'y a pas de définitif en l'homme.

---

20. Paul Ricœur, cité par Lytta Basset, *op. cit.*, p. 136.

3
Un pardon est-il possible ?

«... L'irréparable est son atmosphère naturelle. L'espoir n'est espoir que quand il n'est plus permis... Le temps de la compensation ne suffit pas à l'espoir. Il ne lui suffit pas que la larme soit essuyée ou la mort vengée : aucune larme ne doit se perdre, aucune mort se passer de résurrection... la rétribution dans l'avenir n'épuise pas les peines du présent. Il n'y a pas de justice qui puisse la réparer. Il faudrait pouvoir revenir à cet instant ou pouvoir le ressusciter. Espérer c'est donc espérer la réparation de l'irréparable, c'est donc espérer pour le présent[1]. »

1. Emmanuel Lévinas, *De l'existence à l'existant*, Paris, Fontaine, 1947, p. 153-157.

« Qui donc est l'homme pour que tu penses à lui[2] *? »*

Ces mots me peuplent depuis toujours. Il y a de ces phrases lues, entendues qui hantent une vie, traçant un sillon que les ans nourrissent en secret. Et puis, un jour, les mots sont là, prêts à être écoutés. Ils forment ensemble une chaîne qui fait sens et hale soudain des fragments de mémoire. Devenant alors plus intimes, ils rejoignent une histoire, l'originalité d'une quête.

L'interrogation est immense, vertigineuse et je m'arrête en lisière de réponse, attentive. Peut-être ne suis-je pas tout à fait prête encore à me rendre là où, je le pressens, elle ne cesse pourtant de me conduire. Et puis, soudain, il y a le visage de Karim, le sourire de Pierre, les larmes de Roland, la violence de Rachid... et, alors, je le devine, je frôle du doigt une réponse.

Que puis-je entendre de ces gestes, de ces cris, de ces sourires ? Il y a ce qui peut être vu et ce qui ne le sera jamais. Ce qui se donne à voir et ce qui reste caché. Je demeure à l'orée de l'autre. Comme chacun d'entre nous. Orée quelquefois insupportable. Orée pourtant salutaire. L'autre demeure à jamais inaccessible, hors de mon pouvoir. Accepter cela c'est encore tisser ces liens qui délient.

---

2. Psaume 8.

« Qui donc est l'homme pour que tu penses à lui ? » Question posée à l'homme, à Dieu, inlassablement. Interrogation sur l'humain, sur Dieu, sur leur relation.

Béance ouverte sur l'infini d'une réponse...

Je cherche, moi aussi, à participer à la réponse. Longue et passionnante aventure que cette quête.

L'écoute en milieu carcéral a ouvert d'autres chemins que ceux que je pratiquais déjà. Cette écoute n'offre pas une suite de récits de bonheur et de tendresse, c'est une évidence.

L'évocation de scènes difficiles, le côtoiement de la souffrance et du désespoir sont quotidiens. J'y suis préparée, c'est ma mission. Il faut cependant, dans ce type d'écoute, rester vigilant pour qu'elle ne devienne pas écrasante. En particulier apprendre à reconnaître que nous ne pouvons peut-être pas tout écouter. Pour ma part, je le constate, une certaine façon d'évoquer le malheur, la souffrance me met mal à l'aise : je pense à ceux qui prennent un plaisir manifeste à se répandre dans l'exposé de leurs forfaits, guettant dans l'œil de l'autre le dégoût ou la peur qu'ils suscitent.

Jeff fait partie de ceux-là.

Il aime faire mal et raconter le mal qu'il fait subir.

C'est comme un mal en cascades : en dehors du passage à l'acte lui-même, il y a le plaisir d'y repenser ou d'imaginer d'autres scénarios du même type.

Aimer faire mal. Je ne m'habitue toujours pas à voir apparaître cette facette de l'humain.

Des pervers[3], dit-on communément.

---

3. Ce terme désigne une réalité multiforme. Il est préférable de parler de conduites perverses et de maintenir la distinction entre perversité et perversion, comme le suggère Claude Balier dans *Psychanalyse des comportements sexuels violents*, Paris, PUF, 1996, p. 81-84.

En tout cas des hommes dont la rencontre plonge soudain dans l'immense univers de la manipulation, du mensonge, du plaisir sadique... Avec cette figure-là, nous ne voulons pas avoir de connivence, pressentant, sans vouloir clairement le reconnaître, qu'elle parle aussi de nous.

Jusqu'où puis-je emmener Dieu ? Ou, pour le dire autrement, jusqu'où ma relation à Dieu peut-elle me tenir hors de la désespérance et de la révolte ? Est-ce que ma foi en Dieu, en l'homme peut résister encore longtemps à cette profusion d'horreurs et de cris de souffrance ?

Oui, après ces années passées à écouter tant et tant de récits de malheurs, le risque d'en être accablé est réel. Il faut donc rester vigilant à ne pas se laisser enfermer par la parole des autres.

Jeff

Pourtant c'est ce qui s'est passé, cet autre jour, avec Jeff, quand il a dépassé une mesure déjà bien comble, pourtant. Je me suis sentie désemparée.

La quarantaine légèrement bedonnante, de taille moyenne, le cheveux rare et grisonnant, il n'a rien qui puisse attirer particulièrement le regard. Un homme ordinaire, somme toute. Or, cela Jeff ne le supporte pas. Il lui faut briller, être celui qu'on remarque, celui que l'on complimente. Vêtu de couleurs vives, mais jamais criardes, de veste de cuir et de pantalons bien coupés qui lui donnent, au milieu de cette détention, une étonnante allure de dandy. Spécialiste des arnaques en tout genre, falsificateur de cartes bleues et de chéquiers, il n'avait, jusque-là, pas dépassé le cadre de cette *spécialité*.

Or, il avait été arrêté quelques mois auparavant pour avoir volé une femme à son domicile, et comme elle résistait à lui indiquer le lieu où elle cachait ce qu'elle avait de plus précieux, il n'avait pas hésité à la torturer.

Jeff partageait la cellule de Martin que je voyais, à l'époque, régulièrement. Il arrivait tout juste d'une autre maison d'arrêt où, je l'appris plus tard, il avait eu de graves problèmes de discipline.

Il avait demandé à me parler et j'avais accepté.

De ce qui lui était reproché, il ne retenait pas grand-chose, disant que la justice exagérait et qu'il n'avait fait que bousculer cette femme qui, d'ailleurs, n'avait que très peu d'économies ! Il m'avait parlé de tout cela tantôt riant, tantôt figé dans un rictus méprisant au coin des lèvres. Cette première rencontre me laissa un vague sentiment de dégoût dont je n'ai pu, par la suite, me dégager.

Nous nous sommes revus à plusieurs reprises, avec, à chaque fois, la sensation inquiétante, désagréable de me faire manipuler. Au fur et à mesure, sous le prétexte d'évoquer sa vie, il s'est enhardi à relater des histoires toutes plus horribles les unes que les autres, avec ce même rictus au coin des lèvres, guettant l'effet que cela produirait chez moi. Peut-être voulait-il que j'aie peur, moi aussi ?

Au fil des rencontres, me sentant de plus en plus mal à l'aise, j'envisageais de ne plus poursuivre. Une vieille trace de culpabilité me retenait : après tout, je suis là pour tous ceux qui me le demandent.

Jusqu'à ce jour où il dépassa les bornes.

« Cette femme, je ne lui ai volé que quelques ridicules économies. Elle a un autre magot, je le sais. Si vous croyez qu'elle a pu m'envoyer en prison sans que je me venge, elle se goure ! Je vais lui en faire baver... »

Je ne conterai pas plus loin ce qu'il a commencé à me dire. Le plaisir de Jeff à l'évocation des tortures qu'il allait infliger à cette femme m'a fait stopper l'entretien très vite. J'étais écœurée, furieuse contre lui et contre moi de m'être laissé entraîner trop loin sous prétexte d'écoute et de charité chrétienne. J'avais fini par en perdre mon jugement et étais devenue, sans m'en rendre compte, la complice de ses fantasmes.

Quelques jours plus tard, alors que je reprenais, comme chaque soir, le déroulé de ma journée, laissant venir des visages, des paroles, des gestes, le rire de Jeff à la fin de notre entretien revint tinter à mes oreilles.

Un rire accompagné de ces mots : « Vous aussi vous avez peur de moi ! »

Cet homme, qu'a-t-il encore d'humain ? Je dois le reconnaître, et ce n'est pas facile, tout mon être le repousse, le disqualifie. Que s'est-il passé ? Je considère ces sentiments comme un échec. Échec de l'écoute, car si j'avais eu un peu plus de discernement, nous n'en serions pas arrivés là. Échec de l'amour ? Peut-être, car à certains moments je m'en veux de n'être jamais parvenue à l'aimer. Ils sont quelques-uns dans ce cas. Cela m'aide, sans doute, à ne pas me croire trop assurée. L'amour n'est décidément pas un sentiment qui se puisse décréter. Et puis, l'amour ne règle pas tout, loin s'en faut !

Certaines expressions du mal sont plus intolérables que d'autres. Je me suis souvent interrogée sur ce qui fait en moi la ligne de démarcation entre ceux que je peux écouter, respecter, aimer et ceux pour lesquels je ne ressens rien d'autre qu'une aversion plus ou moins tenace.

Dans le cas de Jeff, le plaisir qu'il éprouve visiblement à choquer, à faire souffrir, à faire peur, m'interroge autant sur l'humain que sur ce Dieu qui a permis une telle humanité.

Victor

«... Ne pas accuser l'homme de l'inhumain[4]. »

Condamné à perpétuité alors qu'il n'a que vingt et un ans, Victor n'a devant lui que cette perspective : rester toute sa vie en prison. La peine ultime. Les raisons de sa condamnation inquiètent autant qu'elles fascinent : Victor a violé, torturé et tué.

« Un homme si jeune, qui a l'air si gentil et qui a fait ces monstruosités ! Quelle horreur ! », commentent ceux et celles qui le croisent. Si l'horreur de ses crimes épouvante, et il y a de quoi, beaucoup ressentent aussi une certaine fascination, un certain attrait. Ne sommes-nous pas tous un peu voyeurs ? Même si l'on s'en défend, qui de nous n'a pas un jour été *fasciné* par les récits ou les images qui disent la souffrance des autres ? J'en veux pour preuve l'attitude de tant de gens lors d'un accident de la circulation : voir du sang !

Victor ne parle pas, ou si peu, et ce silence ajoute à la crainte qu'il inspire.

Son mode de communication est le dessin. Des dessins étranges, entrelacs de fleurs et de tiges, de bouches et de flammes. A chacune de nos rencontres,

---

4. Marie Balmary, *Abel ou la traversée de l'Éden*, Paris, Grasset, 1999, p. 359.

en guise de mots d'accueil, il me tend un dessin qu'il extrait, suivant son humeur, de telle ou telle pochette. Tout est très organisé dans la vie de Victor.

« Qu'est-ce que cela veut dire ? », me demande-t-il toujours quand, son dessin dans les mains, je contemple les formes et les couleurs. Je ne peux m'empêcher d'entendre : qui suis-je moi qui dessine cela ?

Il en faudrait du temps pour déchiffrer ensemble ses *paroles de crayon* !

Il n'est à Fleury que de passage... comme beaucoup d'autres. Quel est l'avenir possible pour lui alors qu'autant d'années de prison se profilent à l'horizon à un âge où on bâtit sa vie ?

Je pense souvent à Etty Hillesum et à ce qu'elle a dit un jour, au terme d'une journée dans le camp de transit de Westerbork, parmi tant d'horreurs : « Et Dieu créa l'homme à son image. Oui, cette parole a connu chez moi une matinée difficile[5]. »

Pour moi ce sont des journées entières qui sont quelquefois difficiles !

Comment ne pas en arriver à douter de l'humain ?

Pourtant, quoi de plus naturel que le doute ! Sans arrêt nous doutons, de nous, des autres, de Dieu. Certes, plus ou moins, mais cela nous colle à la peau. Nous doutons comme nous respirons, si j'ose dire.

Si douter me permet de continuer d'avancer, en m'évitant de tomber dans l'abîme mortel que toute certitude recèle en son sein ; si douter de mon regard, de ma parole qui ne sont jamais assez purs, assez libres, assez aimants peut offrir à l'autre l'espace dont

---

5. Etty Hillesum, *Lettres de Westerbork*, Paris, Seuil, coll. « Points », 1995, p. 323.

il a besoin pour être et reconnaître sa propre nouveauté, alors, douter est une nécessité. Mais si douter n'est plus que le signe d'une menace, d'un soupçon incessants, cela peut ravager jusqu'aux fondements mêmes du regard et de la parole.

Quels combats, quels défis, pour reconnaître qu'il subsiste quelque chose de beau, de bon, de bien chez quelqu'un qui a commis le mal, trop de mal!

Tant que la nature des actes commis reste dans une limite tolérable, nous condamnons, certes, mais nous pressentons qu'il y a en nous un complice possible. Nous aussi il nous arrive de voler, d'injurier, de conduire en état d'ivresse... Mais dès qu'il s'agit d'actes pervers, barbares, de crimes atroces... nos sentiments sont autres. Nous sommes plongés dans l'horreur. Nous ne nous reconnaissons pas.

Il est des actes qu'on ne peut que condamner car ils sont odieux, destructeurs, ravageurs, criminels. C'est une certitude. Mieux, c'est un combat nécessaire.

Mais quelle que soit la nature de certains actes, même les plus odieux, nous devons tenter de ne jamais confondre l'acte et la personne qui le commet. Aucun être humain ne peut être réduit, assimilé à ce qu'il a fait. Certes c'est bien un homme, une femme qui accomplit tel ou tel acte. Mais cet homme ou cette femme n'y est jamais réductible. Il est autre que ce qu'il a fait, il a en lui d'autres sentiments, d'autres liens avec le monde qui l'entoure.

Il est, il reste un être humain.

Pourtant nous qualifions certains actes d'inhumains. Littéralement sans humanité, parce que là, nous ne pouvons nous reconnaître appartenant à la même espèce humaine. Nous préférons nier l'humanité de l'auteur d'un acte qui nous fait horreur. Or, tout l'humain concerne l'humain, même l'inhumain. Peut-on dire cela ? Je le crois. Il y a en nous une faculté à bannir, à exclure, à nier tout ce que nous ne pouvons considérer comme de l'humain. Nous ne disons plus un homme, mais une bête, un monstre, un diable... l'inhumain n'est plus l'homme mais l'homme coupé de son humanité, hors de son humanité.

L'inhumain de l'homme.

Lors du procès de Patrice Alègre, la presse nous a décrit cet homme comme déserté par les sentiments qui font qu'un homme est homme. On attendait de lui qu'il parle, qu'il se montre ému. Mais non, il s'est tu et, avec son silence, l'inhumain s'est confirmé. Son silence, insupportable pour certains, a fini par faire dire qu'il était alors bien la bête féroce que l'on pensait. De cette manière, il nous ressemblait enfin si peu... ouf !

Et Jeff, Victor et beaucoup d'autres, comment ne pas douter jusqu'à désespérer d'eux ?

Résister ! Ne pas désespérer, ne pas céder à la tentation de croire que c'est la mort qui emporte la vie ! Tout parle de la mort avec tant d'insistance chaque jour : morts de toute nature, ici, là-bas.

Il y a des métiers qui voient les fruits de leur travail, tel le boulanger qui contemple la cuisson de son pain ou le chirurgien qui soulage notre corps. Il y en a d'autres qui ne perçoivent pas grand-chose de ce qu'ils font, comme celui qui écoute, par exemple. Percevoir les fruits de son travail non pour en jouir et en devenir le maître, mais pour éprouver quelque chose qui se situe entre l'encouragement et la gratification. Pour avoir, de temps en temps, un peu d'essence à mettre dans le moteur, quelques signes que l'espérance n'est pas vaine...

En écrivant toutes ces pages, des visages, des situations me reviennent : Pierre, Simon et tant d'autres... Et là, tout à coup, quelque chose me dépasse. Je suis comme tout un chacun, le doute m'envahit. Devant l'indicible, devant la haine, la violence, devant toutes ces larmes, tant de larmes, trop de larmes, je faiblis. Une part de moi crie : assez, cela suffit ! Le malheur est trop grand, la souffrance aussi.

Que nous reste-t-il face au mal et à l'immensité du scandale qu'il ne cesse de perpétuer ?

Se venger, punir, oublier, pardonner, espérer...

Monte en moi, parfois, un désir de vengeance. Comme si elle pouvait m'aider, nous aider à en finir avec la violence et le mal. Venger tout ce mal et, ce faisant, éradiquer le mal. Désir incontrôlable, venu de la nuit des temps, part obscure de nous-mêmes. Rendre le mal pour le mal. Détruire, faire souffrir, anéantir afin, soi-même, de ne plus souffrir, de ne pas être anéanti. Œil pour œil, dent pour dent... Instinct de survie ? Peut-être, mais un instinct dont les desseins et le despotisme peuvent nous maintenir en esclavage. Se venger n'est-ce pas perpétuer le mal, le transporter ailleurs sans jamais le détruire ?

Le déluge

Dieu lui-même semble avoir été emporté par la violence du mal. Dieu lui-même ! Non, ce n'est pas possible, sinon que nous reste-t-il ?

« Le Seigneur vit que la méchanceté de l'homme se multipliait sur la terre, à longueur de journée, son cœur n'était porté qu'à concevoir le mal, et le Seigneur se repentit d'avoir fait l'homme sur la terre.

Il s'en affligea et dit : "J'effacerai de la surface du sol l'homme que j'ai créé, homme, bestiaux, petites bêtes et même les oiseaux du ciel – car je me repens de les avoir faits... à cause des hommes, la terre est remplie de violence et je vais les détruire avec la terre[6]."»

A un moment de notre histoire collective où la folie meurtrière de l'être humain, où sa soif de puissance, de vengeance, sa capacité à détruire nous apparaissent d'une violence inouïe, insupportable, angoissante, ce texte de la Parole de Dieu me fait un peu frémir : Dieu lui-même semble accablé par tout ce déchaînement de *méchanceté*. Et sa réponse brutale, résolue, se dit dans l'effacement de la vie, dans la destruction du mal par le mal. Est-ce possible que dans ce qui est un des textes fondateurs de mon, de notre humanité je trouve trace d'un Dieu qui, lui aussi, laisse sa violence se déchaîner ? Je vacille. La question est trop énorme tout à coup, elle me submerge, je veux lui trouver une échappatoire rapide et propre. Ne pas mouiller Dieu dans le déluge !

Bien sûr, il y a Noé. Ouf ! Il est juste, intègre et marche avec Dieu. Un type bien, en somme, qui est du bon côté et que Dieu regarde avec bienveillance. Il va être sauvé et avec lui sa famille et toutes les espèces vivantes.

Il y a donc de la vie qui est sauvée. Dieu n'est pas tout entier, si j'ose dire, du côté de l'élimination, de l'anéantissement. Oui, Noé et sa petite famille vont être sauvés. Mais à quel prix ? Sous son arche providentiellement protégée, se noie le reste de l'humanité. A qui cela pose-t-il un problème ? La vie ne peut-elle survivre, se déployer qu'en marchant sur les cadavres

6. Genèse 6,5-7 et 13.

de ceux qui la contrent ? N'y a-t-il d'autres solutions que cette éradication du mal par le mal ? Alors, si Dieu lui-même désespère, et si, pour effacer le mal, il faut recourir au mal, que reste-t-il qui nous sauve de l'engloutissement des eaux ? Où poser notre regard pour espérer encore que nous arrive la colombe et son brin d'olivier ?

Qui donc est *encore* l'homme ? Il apparaît tout à coup dans une nudité terrible, une vérité si difficile à approcher, une violence, une fragilité, une faiblesse telles que je me demande si tout le reste n'a pas été englouti !

Mais, en le lisant de plus près, je trouve, dans ce texte si brutal, trace d'autre chose : Dieu se repent (traduction de la Bible de Jérusalem ou de la TOB[7]) ou regrette (traduction de Chouraqui) d'avoir fait l'homme sur la terre. Je cherche ailleurs dans la Bible, soudain fébrile et je trouve plus loin cette même idée :

« Je me repens d'avoir fait de Saül un roi, car il s'est détourné de moi et n'a pas mis à exécution mes paroles[8]. »

Que signifie regretter, se repentir ? Renoncer à, mais aussi, regretter amèrement d'avoir pris une décision, manifester le regret d'avoir commis une faute et la promesse de la racheter[9] ?

Quelle faute a donc commise Dieu pour qu'il se repente ? Comment se fait-il que la Bible garde la trace de la repentance de Dieu ?

---

7. La TOB qui met en note « anthropomorphisme qui évoque la difficulté de l'entreprise de Dieu aux prises avec la liberté de l'homme. Il montre aussi que le Dieu de la Bible tient compte des attitudes humaines tout en restant fidèle et constant ». Si cette note est censée éclairer le texte, je ne suis pas sûre de bien la comprendre !

8. 1 Samuel 15,11 (traduction de la TOB).

9. *Dictionnaire historique de la langue française*, Paris, Le Robert, 1998.

Ce n'est pas possible !

Dieu se repent, Dieu s'excuse. Mais de quoi ? D'avoir fait l'homme ? Il ne semble pas puisqu'il le sauve en sauvant Noé. D'ailleurs, comme le dit le psaume[10] : « Il en coûte au Seigneur de voir mourir les siens. »

Devant qui Dieu se repent-il ? Ce ne peut tout de même pas être devant lui-même.

Serait-ce devant l'homme ? J'hésite encore.

Dans le texte de la Genèse, comme dans celui du premier livre de Samuel, Dieu dit son regret à quelqu'un : Noé, puis Samuel. Sa *repentance* est adressée à quelqu'un, elle est exprimée dans une relation. Je n'avais encore jamais pris conscience de cela dans ces textes pourtant lus et relus maintes fois, et cette découverte me semble assez extraordinaire.

Dieu demanderait pardon à l'homme ?

Qui entend sa demande ? D'abord ceux à qui il s'adresse directement : Noé, l'homme juste et intègre, puis Samuel, le prophète qui a sacré David tout enfant. Deux hommes qui ont trouvé grâce aux yeux de Dieu. Deux hommes au travers desquels Dieu s'adresse à chacun de nous.

Mais pour demander pardon de quoi ? Qui d'ailleurs pourrait lui pardonner ? Je m'arrête, attentive. S'il y a de l'énigme en l'homme, à n'en point douter, il y en a d'abord en Dieu. Cette énigme me renvoie à un désir toujours prêt à se manifester : celui de croire que je peux comprendre, enserrer, enfermer la question par la réponse. Or ici, encore plus qu'ailleurs, question et réponse m'échappent.

Demander pardon de quoi ?...

---

10. Psaume 115 (116) v. 15.

« Celui qui t'a fait sait ce qu'il reste à faire avec toi. Le croirais-tu incapable, Lui qui a su te faire, de se souvenir qu'il doit te faire encore ?

Tu n'existais même pas qu'il pensait à toi, car tu n'existerais pas si tu n'étais pas une pensée de Dieu. Il a donc songé à toi pour te donner l'existence quand tu ne l'avais pas.

Et maintenant que tu existes, que tu subsistes, que tu vis, que tu le sers, il te mépriserait, il t'abandonnerait[11] ! »

L'humain, et c'est ma foi, quel qu'il soit, quoi qu'il ait fait ne peut jamais être réduit à ce que nous voudrions qu'il soit ou devienne. La trace laissée par le créateur en chacun de nous est une trace indélébile. A son image nous avons été créé. Il nous reste toute la vie pour être à sa ressemblance. C'est un message immense qui est ainsi contenu en chaque être.

Message qui nous renvoie à l'origine de toute vie, à sa source et par là même à son terme : nous venons de Dieu, nous allons à Dieu. Dieu qui nous crée est, aussi, celui qui nous sauve. Il est essentiel de ne jamais l'oublier.

Car, ne pas tenir cela conduit l'homme à une solitude sans espoir.

Le pardon est une autre façon d'engloutir le mal. Dans les eaux des larmes de la tendresse de Dieu ?

Espérer. Oui, il y a de l'espérance possible, même si, étonnamment, la vie ne va pas de soi, même si elle est bien souvent crainte, défiée. Il faut tellement d'énergie pour vivre ! Beaucoup de ces hommes

11. Saint Augustin, sermon 21,8.

rencontrés en prison sont des malmenés de l'existence : enfance meurtrie, adolescence à la dérive, amours mal reçues et mal données... il ne reste pour aborder la vie d'adulte qu'une espérance aux traces incertaines.

Le vivant est celui qui a conservé en lui la capacité à espérer, c'est-à-dire à croire en ce qu'il ne voit pas encore. Je ne parle pas du désir de posséder davantage d'argent, de devenir riche et puissant, d'avoir tout ce qui peut être matériellement désiré. Ceci n'est pas de l'ordre de l'espérance. En effet, il y a d'abord dans cette chasse au meilleur, au mieux vivre, à davantage posséder la trace menaçante d'une illusion. Illusion qui, tel un mirage, s'efface au fur et à mesure que l'on avance vers elle. Ce que nous avons cru pouvoir saisir reste à jamais hors de portée, nous entraînant dans une course folle qui conduit à la mort.

L'espérance est tout autre. Elle est de l'ordre de l'être, de la nature même de l'humain et du Divin. L'espérance a partie liée avec l'amour.

« Les seuls regards d'amour sont ceux qui vous espèrent, envers et contre tout, envers et contre nous-mêmes surtout », dit Paul Baudiquey dans son beau commentaire du tableau de Rembrandt sur le retour du fils prodigue.

Comment passer de l'illusion à l'espérance ? Comment en déchiffrer la différence ? Pour beaucoup de ceux que je rencontre ceci ne va pas de soi. Il leur a manqué, comme à tant d'autres, d'être regardés avec cet amour-là.

Le Dieu de la Bible qui a semblé un moment être désespéré par la capacité de l'homme à faire le mal, est aussi celui qui s'engage à ne jamais nous enlever son amour :

« Sion disait : le Seigneur m'a abandonnée, mon Seigneur m'a oubliée ! La femme oublie-t-elle son nourrisson, oublie-t-elle de montrer sa tendresse à l'enfant de sa chair ? Même si celles-là oubliaient, moi, je ne t'oublierai pas. Vois, que sur mes paumes, je t'ai gravée, que tes murailles sont constamment sous ma vue[12]. »

Gravés dans les paumes de la main de Dieu, nous le sommes, chacun et chacune. Trace indélébile de l'amour qui nous lie.

Pourtant...

« Que fait Dieu ? J'ai prié Dieu qu'il me sorte de cet enfer et j'y suis toujours... »

« Dieu m'a laissé tomber... »

« Je demande à Dieu tous les jours qu'il m'envoie un signe de sa présence et il ne me répond pas... Il m'a abandonné... »

« Pourquoi moi ? »

Combien de fois ces cris ont-ils retenti dans le silence des cellules et ailleurs ! De quel désespoir, de quelle souffrance sont-ils les témoins ?

Que répondre ?

Les ouvriers de la onzième heure

« Il en va du Royaume des Cieux comme d'un propriétaire qui sortit au point du jour afin d'embaucher des ouvriers pour sa vigne. Il convint avec les ouvriers d'un denier pour la journée et les envoya à sa vigne. Sorti vers la troisième heure, il en vit d'autres qui se tenaient, désœuvrés, sur la place, et à ceux-là il

---

12. Isaïe 49,14-16 (traduction TOB).

dit : “Allez, vous aussi, à la vigne, et je vous donnerai un salaire équitable.” Et ils y allèrent. Sorti de nouveau vers la sixième heure, puis vers la neuvième heure, il fit de même. Vers la onzième heure, il sortit encore, en trouva d’autres qui se tenaient là et leur dit : “Pourquoi restez-vous ici tout le jour sans travailler ?” “C’est que, lui disent-ils, personne ne nous a embauchés.” Il leur dit : “Allez, vous aussi, à la vigne.” Le soir venu, le maître de la vigne dit à son intendant : “Appelle les ouvriers et remets à chacun son salaire, en remontant des derniers aux premiers.” Ceux de la onzième heure vinrent donc et touchèrent un denier chacun. Les premiers, venant à leur tour, pensèrent qu’ils allaient toucher davantage ; mais c’est un denier chacun qu’ils touchèrent, eux aussi. Tout en le recevant, ils murmuraient contre le propriétaire : “Ces derniers venus n’ont fait qu’une heure, et tu les as traités comme nous, qui avons porté le fardeau de la journée, avec sa chaleur.” Alors il répliqua en disant à l’un d’eux : “Mon ami, je ne te lèse en rien : n’est-ce pas d’un denier que nous sommes convenus ? Prends ce qui te revient et va-t’en. Il me plaît de donner à ce dernier venu autant qu’à toi : n’ai-je pas le droit de disposer de mes biens comme il me plaît ? Ou faut-il que tu sois jaloux parce que je suis bon ?” Voilà comment les derniers seront premiers, et les premiers seront derniers. »

Au moment de toucher leur salaire, ceux qui ont travaillé toute la journée pensent qu’ils vont toucher davantage. Davantage que ceux qui n’ont travaillé qu’une heure, mais, aussi, davantage que ce qui leur avait été promis. « Ces derniers venus n’ont fait qu’une heure, et tu les as traités comme nous, qui avons porté le fardeau de la journée, avec sa chaleur. »

Mais le propriétaire de leur répliquer :

« Mon ami, je ne te lèse en rien : n'est-ce pas d'un denier que nous sommes convenus ? Prends ce qui te revient et va-t'en. » Que se passe-t-il ? Les termes du contrat passé avec le propriétaire n'ont pas été remis en cause. Un denier était promis, un denier a été payé. Parole a été tenue. Ce ne peut être là-dessus que porte le litige. Matthieu nous dit que les premiers, venant à leur tour, pensèrent qu'ils allaient toucher davantage (v. 10). Qu'est-ce qui leur permet de penser cela ?

Ces derniers venus n'ont fait qu'une heure, et tu les as traités comme nous, qui avons porté le fardeau de la journée, avec sa chaleur (v. 12).

Voilà le lieu de la polémique : que ceux qui ont si peu travaillé soient traités à égalité avec ceux qui ont trimé la journée entière ! C'est pas juste ! Nous avons travaillé dur, les autres n'ont rien fait et vous nous traitez tous de la même façon ! Comme si l'égalité de traitement de la part du maître nivelait les efforts des premiers, enlevant du même coup le poids de leur mérite à avoir porté le fardeau de la journée, avec sa chaleur.

Le propriétaire va leur répondre en leur rappelant qu'il est seul maître de son bien : « Il me plaît de donner à ce dernier venu autant qu'à toi : n'ai-je pas le droit de disposer de mes biens comme il me plaît ? » (v. 14 et 15). La fin de l'histoire ne nous dit pas s'il a ou non convaincu, mais nous savons qu'aujourd'hui, encore, cet évangile dérange, indispose notre sens de la justice.

Puis, le maître introduit une autre notion, quelque chose de plus subtil qui nous renvoie à nous-mêmes de façon désagréable : « Ou faut-il que tu sois jaloux parce que je suis bon ? » (v. 15) « ou ton œil est-il mauvais ? », traduit Chouraqui.

Regarder d'un mauvais œil ! Plus que de la défiance, de l'irritation, de la désapprobation ce mauvais œil dont nous nous servons, alors, n'est-il pas celui du mauvais sort que l'on voudrait jeter ?

Comme s'il y avait de la menace, tout à coup, dans le traitement réservé à ceux de la onzième heure. Et les ouvriers de la troisième, sixième, neuvième heure ? Pourquoi ne posent-ils pas de problèmes à ceux de la première ?

Dans notre quotidien nous nous comportons volontiers comme ceux qui non seulement réclament leur dû mais s'insurgent devant le traitement réservé à ceux qui ne nous en paraissent pas dignes. Nous nous érigeons avec une étonnante facilité en juges de ce qui est juste et de ce qui ne l'est pas.

Dans le contexte de la prison, ce texte permet de comprendre davantage le regard que nous portons sur les coupables et sur les victimes. En effet, il ne nous paraît pas possible qu'un traitement identique leur soit appliqué. Bien sûr, un nécessaire espace doit être maintenu entre celui qui a fait le mal et celui qui l'a subi. Bien sûr, il faut sanctionner le coupable et protéger la victime. Bien sûr.

Pourtant... n'ai-je pas le droit de disposer de mes biens comme il me plaît ? Ces quelques mots nous mettent subitement ailleurs, nous déplacent, nous obligent à sortir de nous-mêmes. Quelqu'un nous dit, alors que nous sommes sûrs de notre bon droit, que son regard à lui va au-delà du nôtre, qu'il dit autre chose sur chacun de nous et sur nos relations. Être à l'écoute de cette Parole-là défait nos certitudes en mettant l'homme et Dieu dans un lien d'Amour qui échappe à tous nos discours.

Jean-Baptiste : je demande pardon

> *« Le repentir du criminel, et surtout son remords donnent seuls un sens au pardon... c'est la détresse du coupable qui seule donnerait un sens ou une raison d'être au pardon*[13]*. »*

Juste avant que ne commence son procès attendu depuis près de trois ans, Jean-Baptiste me confia :

« Le chemin est plus long que je ne le croyais. Il faut tenir le coup physiquement et psychologiquement durant une telle attente. Je ne sais pas ce que me réserve mon procès, mais je suis sûr déjà que ma vie a changé de direction.

Vous vous souvenez comme au début j'ai eu du mal à comprendre pourquoi je devais vivre tout cela. Je ne me rendais pas vraiment compte de ce que j'avais fait. Pourtant, ce que j'ai fait, je le regrette tellement ! J'ai fait souffrir quelqu'un. Je me croyais responsable de ma vie ! En fait, j'étais prêt à suivre n'importe qui, pourvu qu'il me dise que je pouvais devenir son ami. Je n'étais pas responsable de ma vie, mais je la subissais. J'avais un tel besoin d'être reconnu.

Cette jambe qui me manque depuis l'accident de voiture, je n'ai jamais pu m'y faire. Comment est-ce que je pouvais faire pour jouer avec mes camarades en classe ? Ils se moquaient de moi : eh, jambe de bois... C'est dur quand on a onze ans. Encore plus dur, après, avec les filles. J'osais à peine les regarder. Il y en a eu une, pourtant, Carla. Elle m'a aimé, mais pas assez fort pour que j'y croie vraiment. Elle avait pitié de moi, c'est tout. C'est alors que je me suis laissé entraî-

---

13. V. Jankélévitch cité par Lytta Basset, *Le pouvoir de pardonner*, *op. cit.*, p. 248.

ner à boire, à fumer et tout a mal tourné. Comment est-ce que j'ai pu croire que ces gens étaient mes amis ? Non, ils avaient besoin de moi, ils se sont servis de moi. Et je me suis laissé faire. »

Assis sur le rebord de son lit, le corps penché vers le sol, il reste pensif, cherchant ses mots. D'un doigt étonnamment fin il enroule une mèche de ses longs cheveux.

Je me tais, laissant à Jean-Baptiste le temps nécessaire à la venue de sa parole.

« Pendant le procès, je veux demander pardon à la victime. Je ne sais pas si elle voudra me pardonner, mais moi, je veux lui dire combien je regrette, combien je me sens coupable de lui avoir fait tout ce mal. Je pense beaucoup à elle et je souhaite vraiment qu'elle puisse s'en sortir. Bien sûr, je souffre d'être enfermé, de ne pas savoir combien je vais prendre. Je souffre de tout ce mal que j'ai pu faire. C'est fou ce que je souffre. Mais, elle, la victime elle souffre sûrement encore plus que moi. »

En cet instant, une vérité s'impose à moi, brusquement. Il m'apparaît que la dignité de la victime a partie liée avec celle du coupable. La victime, je le crois, ne peut se sortir de sa propre souffrance que si elle reconnaît et accepte la souffrance de son bourreau. Leur souffrance est l'expression d'une humanité commune. Elle rappelle que leurs vies ont partie liée.

Bien sûr, parler de la souffrance de la victime et de celle du coupable ne veut pas dire qu'elles sont à mettre sur le même plan. Elles ne le sont pas. La victime est celle qui a subi, qui paye pour ce qu'elle n'a pas fait. Pour elle, compassion et respect. Quant à la souffrance du coupable, elle est le salaire de son acte. Sa punition, somme toute.

Et si sa souffrance était l'expression de son remords, de la prise de conscience de son acte, du désir de se réformer, de changer de vie, de se convertir à un autre lui-même dont il ne soupçonnait pas même l'existence jusque-là ?

Je crois que la souffrance du coupable peut devenir sa capacité à humaniser ce qui ne semblait pas possible de l'être. Cette souffrance, alors, donne sens à ce qu'il a commis et à ce qu'il veut réformer. Elle est la trace de la prise de conscience qui le sort de son acte.

« C'est moi qui ai fait cela ? Oui, je le reconnais, mais je ne veux plus être cet homme-là. Je veux changer de cœur. Et je souffre tant que je n'y parviens pas. Je sais aussi que pour y parvenir, il va me falloir comprendre ce qui m'a entraîné à commettre ce que je ne voulais pas commettre mais que pourtant j'ai commis. »

Ce que Dieu engloutit sous les eaux du déluge, n'est-ce pas la méchanceté de l'homme, ce cœur de l'homme porté à concevoir le mal ?

Et si c'était notre inhumanité dont il se chargeait, cette part qui nous dévaste qu'il empoignait dans son amour ?

« Vous m'avez, vous et d'autres dans l'équipe d'aumônerie, tellement aidé à prendre conscience de tout cela. Au groupe de Bible, à la messe avec ceux qui viennent de dehors pour prier avec nous, vraiment j'ai trouvé des gens qui ne m'ont pas condamné. C'est formidable, vous savez, de découvrir cela ! Quand je serai dehors, je veux aider à mon tour ceux qui croient que tout est foutu. Je veux rendre témoignage », ajoute Jean-Baptiste avant que nous ne nous séparions.

Que ces paroles sont douces et bonnes pour continuer la route !

« La richesse de l'homme est infiniment supérieure à ce qu'il en soupçonne. C'est une richesse que nul ne peut dérober, et dont l'onde resurgit sans cesse, de siècle en siècle[14]. »

J'ai donc choisi de rester du côté de ceux qui sont appelés les coupables, les agresseurs, et même les bourreaux. Les méchants, en somme. Ce choix, je l'ai déjà dit, est souvent ressenti comme déroutant, quelquefois même insoutenable, ou insultant pour la société et pour les victimes. Parce que la victime est celle vers qui nos regards convergent. C'est elle le point d'attention, c'est elle qui souffre. Elle est du côté de l'innocence, de la proie. Elle n'a pas voulu le mal qu'elle subit et notre cœur s'émeut, nous voulons la consoler, réparer. Quoi de plus normal ?

L'agresseur, le coupable, lui, est du côté du mal, il en est l'instrument, le complice. Sans lui, le mal ne serait pas. Il faut qu'il soit puni et l'empêcher de nuire à nouveau. Et après tout, n'est-ce pas sain et naturel ? Punir et mettre hors d'état de nuire ceux et celles qui causent le mal est, aussi, une façon de rendre hommage à la victime.

Toutefois, cette ligne de partage entre victime et coupable, si nous n'y prenons pas garde, peut devenir théorique, sans appui dans la réalité de l'existence. Or, nous le savons, même si cela nous dérange, cette distinction entre la victime et le bourreau s'énonce en termes plus subtils. Bien au-delà de l'acte qui les a attachés l'un à l'autre, un autre lien les unit. Un lien qui les précède, qui les attend : leur appartenance à la *même* humanité.

---

14. E. Jünger, *Traité du rebelle ou le recours aux forêts*, Paris, Seuil, 1986, p. 141.

Même ? Pourquoi cette redondance ? Je veux signifier qu'il n'y a pas deux humanités différentes, que l'humanité est l'humanité. Pourtant, dans cette affirmation, un autre péril se fait jour. S'il n'y a pas deux humanités différentes, il y a possiblement plusieurs façons de la vivre.

« Les personnages de ce récit ne sont pas des hommes. Leur humanité est morte, ou eux-mêmes l'ont ensevelie sous l'offense subie ou infligée à autrui... mais Lorenzo était un homme : son humanité était pure et intacte, il n'appartenait pas à ce monde de négation. C'est à lui que je dois de n'avoir pas oublié que moi aussi j'étais un homme[15]. »

Primo Levi, dans le livre qui relate son expérience à Auschwitz, affirme que les bourreaux des camps ne sont pas des hommes, parce que leur humanité est morte ou ensevelie contrairement à celle de Lorenzo, ouvrier italien qui venait tous les jours offrir un peu de son pain. Comment entendre ce cri d'un homme qui a connu l'innommable et qui tente de nous en partager quelque chose ? L'expérience du mal est d'abord éminemment personnelle, unique. Les mots de Primo Levi charrient sa souffrance. Devant tout cela, absolu respect.

Pour désigner l'humanité de ses bourreaux, il a recours à deux mots : morte ou ensevelie. Cette alternative est saisissante. Elle livre en quelques lettres le combat dans lequel nous sommes si souvent pris. D'un côté la mort, avec ce qu'elle a de définitif, de clos, d'impossible retour. Là il n'y a plus rien à voir, tout a disparu. De l'autre côté, l'esquisse d'un possible qui

15. Primo Levi, *Si c'est un homme*, Paris, Julliard, 1987, 1994, p. 160.

ôterait le linceul, le voile qui dissimulent, cachent, taisent. Ici, ce qui est encore se dérobe à nos yeux. Morte ou ensevelie ? Voilà notre interrogation, notre hésitation, notre quête de sens. Il m'est arrivé bien souvent de ne plus savoir que dire ni sur quel chemin engager mes forces et ma foi. Comment parler de l'humanité de cet homme dont les mains sont couvertes du sang d'autres hommes, de cet autre qui n'hésite pas à dérober l'innocence de ses propres enfants ?

Est-elle morte ou ensevelie ?

De la réponse à cette question dépendent tant de choses, pour moi, pour celui que je regarde et écoute.

Et pourquoi pas une humanité ensevelie ? Ces deux mots, ensemble, disent une réalité mais sans en enfermer l'issue. Ils ouvrent sur un possible, un chemin et permettent de quitter les rivages d'une certitude mortifère. Mais s'y engager est périlleux et de longue haleine.

Continuer l'aventure, oui, je le désire.

Bibliographie

Lytta Basset, *Guérir du malheur*, Albin Michel, 1999.

–, *Le pouvoir de pardonner*, Albin Michel, 1999.

Revue *Autrement,* « Le pardon », n°4, avril 1991.

Marie Balmary, *Abel ou la traversée de l'Éden*, Grasset, 1999.

Maurice Bellet, *L'écoute*, Desclée de Brouwer, 1989.

–, *Le lieu perdu*, Desclée de Brouwer, 1996.

–, *L'épreuve*, Desclée de Brouwer, 1988.

Gérard Bonnet, *Les mots pour guérir*, Désir/Payot, 1999.

Collectif, *La justice et le mal*, Odile Jacob, 1997.

Collectif, *Le sens de la peine*, actes du colloque à Agen, 2000.

Collectif, Revue *Projet*, n° 269, printemps 2002.

Primo Levi, *Si c'est un homme*, Julliard, 1987, 1994.

Table

3. Un pardon est-il possible ?

Composé par Graphe à Quintin

Achevé d'imprimé en novembre 2002
sur les presses de Normandie Roto Impression, s.a.s.
61250 Lonrai (Orne)
N° d'imprimeur : 022216

Dépôt légal : novembre 2002

Imprimé en France